Forum
Geschichte

Arbeitsheft Geschichte 2

Vom Mittelalter bis zum Dreißigjährigen Krieg

Mit Lesetraining, Wahlaufgaben,
Methoden „Fragekompetenz" und „Urteilen"

Erarbeitet von Andreas Angerstein
und Marko Schulz

Inhalt

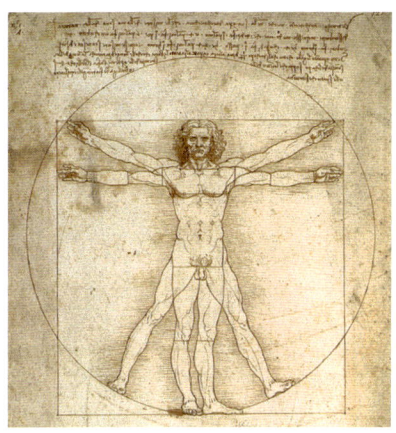

Personen in der Geschichte

Das Ende der Antike und damit den Übergang zum Mittelalter datiert man allgemein um das Jahr 500 n. Chr. Natürlich ist eine solche Festlegung eines Enddatums problematisch, denn einen abrupten Umbruch gab es nicht. Vielmehr gab es verschiedene Prozesse,

welche hier betrachtet werden müssen. Diese sind um das Jahr 500 n. Chr. anzuordnen und zumeist auch an große Persönlichkeiten gebunden. Auf dieser Seite kannst du Näheres über Personen dieser Umbruchzeit erfahren.

 Personen der Umbruchzeit von der Antike zum Mittelalter

Name	Lebensdaten	Besonderheiten/Wirken	Korrektur
Muhammad	um 433–493	Religionsgründer des Islam, wanderte von Mekka nach Medina	
Odoaker	ca. 570–632	germanischer Heerführer, setzte 476 den „letzten" weströmischen Kaiser Romulus Augustus ab	
Justinian I.	um 482–565	Kaiser von Rom, konnte weite Teile des alten Imperium Romanum zurückerobern	
Chlodwig I.	466–611	römischer König, trat zum Christentum über	
Alarich I.	um 370–410	Anführer der Ostgoten, ließ Rom plündern	
Romulus Augustus	um 460– nach 476	letzter Kaiser des Weströmischen Reiches	
Attila	König seit 434; gest. 453	Hunnenkönig, führte kaum Kriegszüge	
Diokletian	ca. 236/245– um 312	römischer Kaiser, veranlasste viele Reformen, führte die Demokratie ein	

 Zeitstrahl

1 In M1 sind einige Angaben zu den Personen durcheinandergeraten bzw. falsch. Überprüfe die Angaben mithilfe deines Lehrbuches oder des Internets. Streiche Falsches durch und korrigiere.

2 Trage die Personen mit Lebensdaten in den Zeitstrahl M2 ein.

Diokletian

Das Römische Reich war im 2. und 3. Jahrhundert n. Chr. in einer großen und fundamentalen Krise. Es wurde ständig von außen bedroht und war innenpolitisch wenig stabil, was auch in häufigem Machtwechsel Ausdruck fand. 284 wurde Diokletian Kaiser.

- *War er nur einer unter vielen?*
- *Konnte er dem Reich Stabilität verleihen?*

M1 Diokletian und die Tetrarchie

Seit dem 2. Jahrhundert n. Chr. geriet das Römische Reich in eine starke Krise. Es wurde immer wieder von germanischen und gotischen Stämmen angegriffen. Der Senat wurde als politisches Machtzentrum weitgehend ausgeschaltet, sodass es
5 die Truppen waren, die die Kaiser bestimmten. Das 3. Jahrhundert wird deshalb das „Zeitalter der Soldatenkaiser" genannt. Im Jahre 284 wurde Diokletian von seinen Truppen zum Augustus ausgerufen. Doch dieser sorgte für Reformen.

Zuerst teilte er seine Macht, er berief Maximian 285 zum Cae-
10 sar und beförderte ihn nach militärischen Erfolgen 286 zum Augustus. Dadurch wurde das Imperium in einen west- und einen oströmischen Reichsteil getrennt. Im Jahr 293 erweiterte Diokletian dieses System der Zweiherrschaft zu einer Tetrarchie (Vierherrschaft). Dafür wurden neben den beiden Au-
15 gusti zwei Caesaren ernannt: Galerius für Diokletian und Constantius (I.) Chlorus für Maximian. Diese Caesaren waren von ihrem jeweiligen Augustus abhängig, sie wurden adoptiert und waren dessen legitime Nachfolger. Das fort-
20 schrittlichste Merkmal der Tetrarchie war, dass feste Regierungszeiten eingeführt wurden. Jeder Herrscher sollte zehn Jahre als Caesar
25 und anschließend weitere zehn Jahre als Augustus tätig sein. Weiterhin war es verboten, dass leibliche Söhne des Augustus zu
30 Caesaren ernannt wurden. So sollte die Leistung anstelle der Geburt Kriterium für die Vergabe von Ämtern werden. Dies trug zu größe-
35 rer Stabilität bei, weshalb viele Historiker ein positives Fazit hinsichtlich Diokletians Regierungszeit ziehen.
Verfassertext

M2

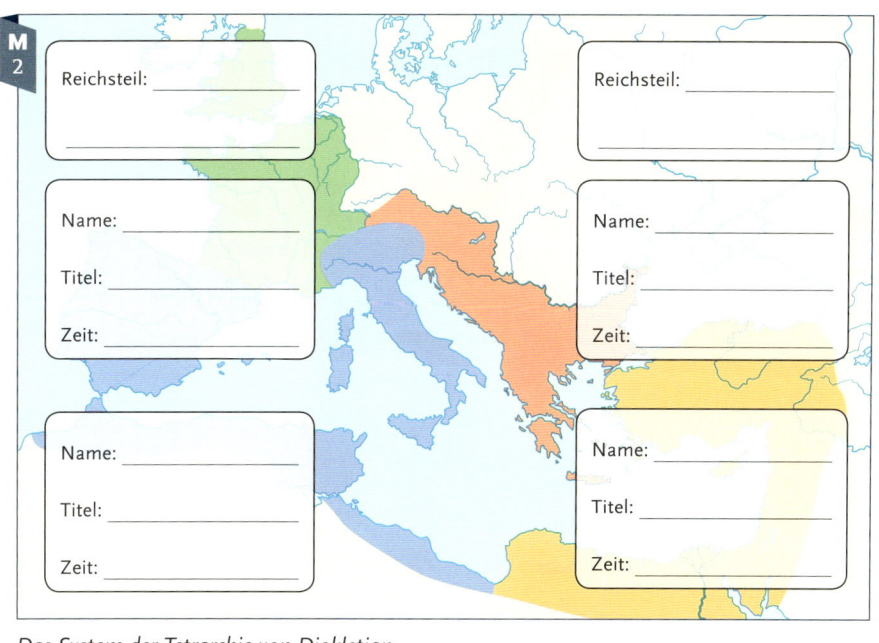

Reichsteil: _____

_____

Name: _____

Titel: _____

Zeit: _____

Reichsteil: _____

_____

Name: _____

Titel: _____

Zeit: _____

Name: _____

Titel: _____

Zeit: _____

Name: _____

Titel: _____

Zeit: _____

Das System der Tetrarchie von Diokletian

M3 Eigenes Urteil

_____

_____

_____

1 Lies den Text in M1 gut durch und unterstreiche die wesentlichen Aussagen.

2 Fülle das Lückenschaubild in M2 aus und beurteile in M3 das System der Tetrarchie.

Das Ende des Weströmischen Reiches

476 n. Chr. – diese Jahreszahl steht zumeist für das Ende des Weströmischen Reiches. Odoaker setzte in diesem Jahr den letzten weströmischen Kaiser Romulus Augustus ab. Diesem Ereignis ging jedoch eine Epoche voraus, die nahezu ganz Europa bewegte. In der Folge veränderten sich die europäischen Machtverhältnisse

stark. Was geschehen war, kannst du auf dieser Seite erarbeiten und zudem die Methode „Karten analysieren" üben und vertiefen.

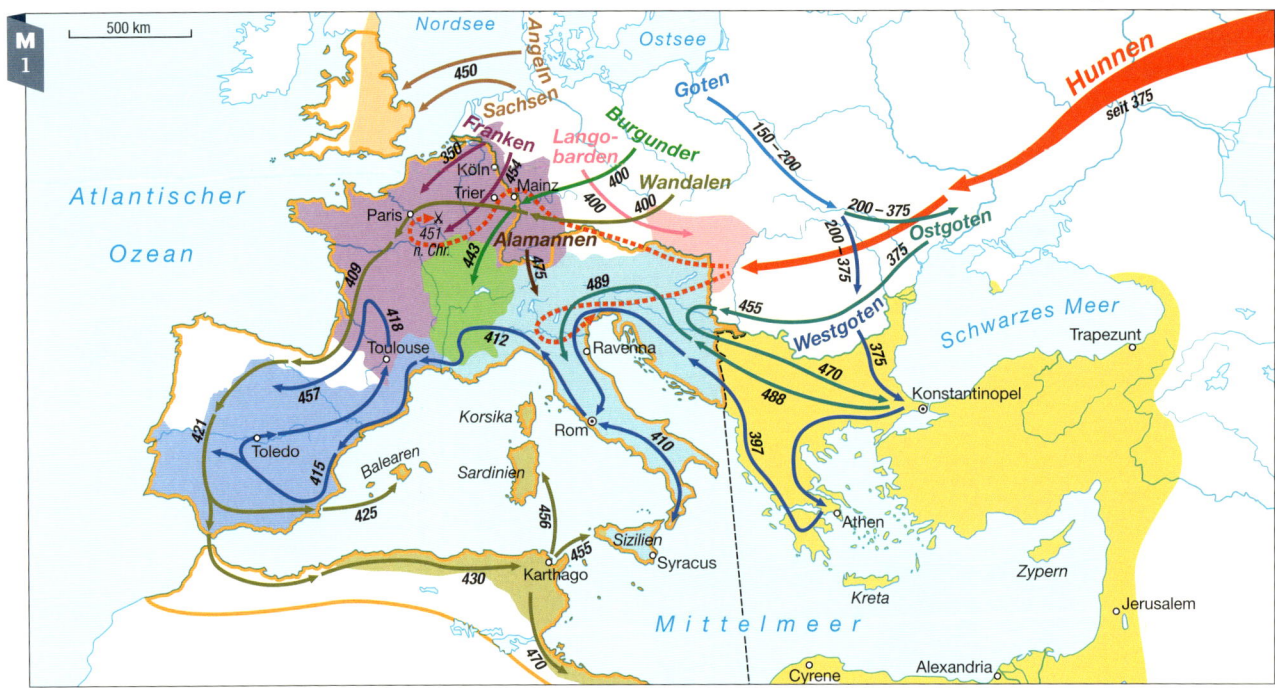

Titel: _____

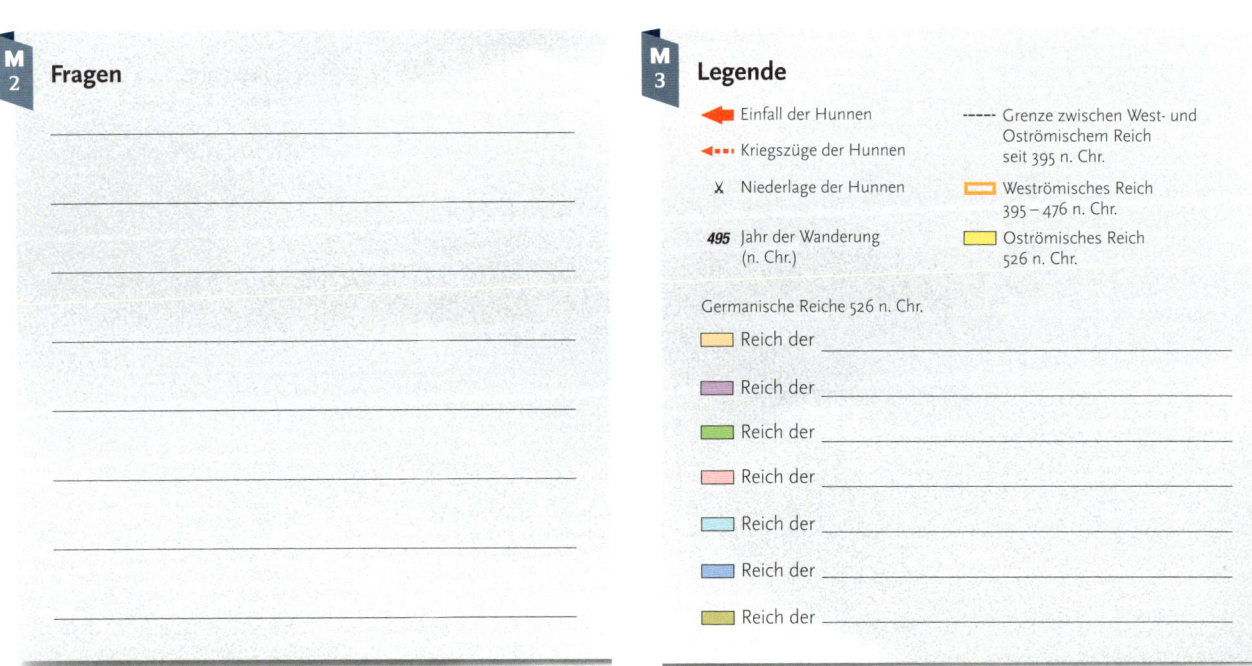

M2 Fragen

_____

_____

_____

_____

_____

_____

_____

_____

_____

M3 Legende

→ (rot, dick) Einfall der Hunnen

◄---- Kriegszüge der Hunnen

X Niederlage der Hunnen

495 Jahr der Wanderung (n. Chr.)

----- Grenze zwischen West- und Oströmischem Reich seit 395 n. Chr.

▭ Weströmisches Reich 395 – 476 n. Chr.

▬ Oströmisches Reich 526 n. Chr.

Germanische Reiche 526 n. Chr.

▭ Reich der _____

▭ Reich der _____

▭ Reich der _____

▭ Reich der _____

▭ Reich der _____

▭ Reich der _____

▭ Reich der _____

M4 **Zusammenfassung**

_____

_____

_____

_____

_____

_____

_____

_____

_____

_____

M5 **Weitere Informationen zum Thema**

_____

_____

_____

Teste dich

Das konnte ich gut

_____

_____

Das muss ich noch üben

_____

_____

1 Gib der Karte M1 einen Titel.
2 Stelle in M2 Fragen an die Karte.
3 Schreibe in M3 eine Legende zur Karte.
4 Fasse in M4 die Aussagen der Karte mit eigenen Worten zusammen und versuche dabei, deine Fragen zu beantworten.

5 Recherchiere weitere Fakten zur Karte und trage diese in M5 ein.
6 Trage in den Kasten „Teste dich" ein, was du bei der Methode „Eine Karte analysieren" gut konntest und was du noch üben musst.

Byzanz und das Weströmische Reich

Nach der Reichsteilung im Jahre 395 unter den Söhnen des Theodosius, Arcadius und Honorius, entstanden zwei Reiche – das Weströmische und das Oströmische Reich. Beide fühlten sich als legitimer Nachfolger des Imperium Romanum. Während Westrom immer wieder von außen bedroht und angegriffen wurde, bestand das Oströmische Reich als Byzantinisches Reich bis ins 15. Jahrhundert hinein. Dennoch scheint es nicht den einen Nachfolger des Imperium Romanum gegeben zu haben, sondern viele Nachfolgestaaten.

 Der Historiker Alexander Demandt beurteilt die römische Geschichte seit der Reichsteilung 395 n. Chr.

a) Die Regierungszeit der Söhne und Enkel von Theodosius I. ist in beiden Hälften des Reiches gekennzeichnet durch ein schwaches Kaisertum. Kinderkaiser sitzen auf den Thronen, die Macht liegt in den Händen der kaiserlichen Da-
5 men und der Hofbeamten [...].
Wie der Westen, so hatte auch der Osten an allen Grenzen Feinde abzuwehren. Die schwerste Belastung bildeten die Hunnen an der Donau, die [das Reich] wiederholt heimsuchten und Beschwichtigungsgelder erpressten, wie sie
10 römische Kaiser nie zuvor gezahlt hatten. [...] Der Aufbau Konstantinopels in diesen Jahren schuf den dauerhaften Kern des Byzantinischen Reiches.
Die schwerste innere Belastung bildete im Osten der Kirchenstreit. In den Großstädten herrschte [...] Bürgerkrieg,
15 der mehrfach zum Ausbruch kam [...]. Wenn die Reichseinheit in den folgenden Jahren zerbrach, so resultiert dies aus den beiden wichtigsten Belastungsfaktoren: Im Westen waren es die Germanenkriege und im Osten die kirchlichen Auseinandersetzungen.
Zit. nach: Alexander Demandt, Geschichte der Spätantike. Das Römische Reich von Diocletian bis Justinian 284–565 n. Chr. (= Alte Geschichte in Beck's Historischer Bibliothek), München (C. H. Beck) 1998, S. 140–141.

b) Eine länger dauernde Vereinigung des Imperiums unter einem einzigen Szepter ist danach nicht mehr vorgekommen, darum wird das Jahr 395 als das Jahr der Reichsteilung betrachtet. Das ist insofern unrichtig, als das Mehrkaisertum
5 unter wechselnden Formen schon seit Diocletian die Regel, die Alleinherrschaft einzelner Kaiser dagegen die Ausnahme war. Als Staat blieb das Imperium vorher wie nachher eine Einheit: [...] es galten die gleichen Gesetze und dieselben Münzen, es wurden Beamte und Truppen ausgetauscht und
10 im Falle eines Interregnums in einem Teilreich ernannte der Kaiser des anderen Teils den Nachfolger.
Die Söhne des Theodosius waren jung und unfähig. Die Regentschaft lag im Osten bei wechselnden Hofbeamten, im Westen bei dem germanischen Heermeister Stilicho. [...]
15 Die Aufsplitterung des Imperium Romanum hat sich schrittweise vollzogen [...]. Mit der Einheit des Reiches ist es in der zweiten Hälfte des 5. Jahrhunderts für immer vorbei. Im Westen hatten sich auf dem Boden des Imperiums selbstständige germanische Königreiche gebildet, der Osten wur-
20 de durch die Ausdehnung der Slawen, Araber und Türken zunehmend eingeengt. Nachdem im frühen 7. Jahrhundert dort das Griechische zur Amtssprache erhoben wurde, verlor die römische Tradition an Stringenz, auch das byzantinische Reich war einer der vielen Nachfolgestaaten des Impe-
25 rium Romanum.
Alexander Demandt, Der Fall Roms. Die Auflösung des römischen Reiches im Urteil der Nachwelt, München (C. H. Beck) 2014, S. 26–29.

M2 Übersicht zur Geschichte des Weströmischen und des Byzantinischen Reiches

Weströmisches Reich	Byzantinisches Reich

M3 Argumente

Argumente für die These	Argumente gegen die These

M4 Eigenes Urteil

_____

_____

_____

1 Lies dir die Beurteilungen des Historikers Alexander Demandt durch. Trage in die Tabelle M2 die Ereignisse zur Römischen Geschichte ein, die Demandt anspricht. Finde anschließend weitere wesentliche Ereignisse.

2 Formuliere auf dieser Grundlage Argumente, die für oder gegen die These „Es gab nicht den einen Nachfolger des Imperium Romanum, sondern viele Nachfolgestaaten." sprechen. Trage diese in M3 ein.

3 Formuliere abschließend ein eigenes Urteil zur genannten These.

Erfindungen der Araber

Während man mit Bezug auf Europa vom sogenannten „dunklen Mittelalter" spricht, erreichte die islamische Welt mit zahlreichen wissenschaftlichen und kulturellen Entdeckungen ihren Höhepunkt. Dies kann man sogar wörtlich nehmen, denn islamische Städte wie Córdoba hatten bereits eine Straßenbeleuchtung zu einer Zeit, als London eher noch als „schmutziges, dunkles Loch" zu bezeichnen war. Während im 9. Jahrhundert die Biblio-thek von St. Gallen mit 36 Bänden die größte Bibliothek des christlichen Europa war, standen in Córdoba bereits weit über 500 000 Bücher zur Verfügung. Auf dieser Seite kannst du mehr über die Erfindungen der Araber in Erfahrung bringen.

M 1

In der Zeit zwischen 600 und 1600 legten muslimische Gelehrte den Grundstein für wissenschaftlichen, technischen, aber auch kulturellen _____ , von dem wir heute noch zehren. Sie haben das Wissen der Antike bewahrt, stellten aber nicht die Theorie in den Vordergrund, sondern vor allem die _____ . Sie glaubten daran, dass jede _____ heilbar war. Das „Al-Nuri"-Hospital in Damaskus war um 1156 mit 8 000 Betten das größte _____ weit und breit und Bagdad das Zentrum der medizinischen Forschung. Ärzte entwickelten hier unter anderem die Geburtshilfe und die _____ und fanden heraus, dass reiner Alkohol (arab. „alkoll"; dt. „das Ganze") bakterientötend wirkt. Auf mathematischem Gebiet war wohl Anfang des 9. Jahrhunderts die wichtigste Erfindung die Algebra, das systematische _____ mit unbekannten Größen. Wir verdanken den Gelehrten aber auch die „arabischen" Ziffern. 1, 2, 3, 4, 5, 6, 7, 8 und 9 übernahmen sie aus Indien, fügten die 0 hinzu, und nun konnte man jede beliebige Zahl platzsparend schreiben. Den ersten Flugapparat baute Abbas Ibn Firnas. 852 startete er seinen ersten _____ vom Minarett der Großen Moschee von Córdoba. Das Beten in Richtung sowie die Reise nach Mekka verlangten nach Orientierung. Dazu erforschten die Araber den _____ und ermittelten die Mondphasen. Somit förderte die Religion die Astronomie und Kartografie, die Erfindung von _____ und Kompass. Der erste Globus entstand bereits im 12. Jahrhundert. Während die alten Griechen annahmen, dass das Auge Strahlen aussendet und so das Sehen funktioniert, entdeckte Alhazen (965–1039), dass Dinge, die nicht selbst leuchten, das Sonnenlicht reflektieren. Er gilt als Erfinder der _____ sowie der Lupe. Eher zufällig wurde der Kaffee erfunden. Der Sage nach bemerkte ein _____ , dass seine Tiere, nachdem sie bestimmte rote Beeren fraßen, deutlich munterer wirkten. Der Sud aus diesen Beeren, „al-qahwa" genannt, förderte die Wachheit und stärkte die _____ .   *Verfassertext*

M 2

Wortsilben

Fort – der – such –
Pra – tik – heit –
tra – ken – jun –
Au – de – Krank –
nen – Flug – zen –
Rech – Ster –
mel – schritt –
haus – heil – ver –
Ka – Op – Hir –
kun – ge – nen –
Kon – tion – xis –
Kran – gen –
him – len – ten

---

1 Lies den Text M1 und versuche, dir trotz der Lücken den Sinn zu erschließen.

2 Bilde aus den Wortsilben in M2 die fehlenden Wörter und setze sie an der richtigen Stelle ein.

Entstehung des Frankenreichs

Durch die Völkerwanderung zerfiel das Weströmische Reich gänzlich. Auf seinem Territorium entstanden zahlreiche neue Königreiche und Fürstentümer. Doch zum
Ende des 5. Jahrhunderts konnte sich ein Reich durchsetzen.
• Wie kam es dazu?

M 1 Sätze zur Entstehung des Frankenreichs

entstanden – Nachdem – auf – das – Weströmische – zerfiel – dem – Völkerwanderung – Reich – durch – die	
konnte – Reichen – sich – germanischen – nur – Von – das – den	
römischen – Merowinger – Herrscher – sowie – letzten – den – Der – Chlodwig I. – die – konnte	
seine – Chlodwig – Kirche – Taufe die Unterstützung – Durch – der – die – erreichte – eine	
er – für – germanischen – Dadurch – der – Grundstein – und – den – legte – die – Verschmelzung	

M 2 Wörter

christlich-römisch – Gebiet – halten – Frankenkönige – Machtstütze – der – verschiedene – dauerhaft – übrigen – wesentliche – Kultur – Germanenreiche – Frankenreich – ausschalten – wurde

---

 1 Die Sätze in M1 sind durcheinandergeraten und unvollständig. Jeweils die letzten drei Wörter fehlen und sind in M2 versteckt. Bringe die Sätze in die richtige Reihenfolge und vervollständige sie.

Die Kaiserkrönung Karls des Großen

Nachdem Karl sein Reich hatte sichern und erweitern können, war er neben den oströmischen Herrschern in Byzanz der mächtigste Regent im frühen Mittelalter. Geografisch betrachtet beherrschte Karl einen Großteil des ehemaligen Imperium Romanum. Dadurch sahen die Franken in ihm einen legitimen Nachfolger des römischen Kaisers. Im Jahre 800 wurde Karl dann auch durch Papst Leo III. zum Kaiser gekrönt.

- *Wie wurde diese Krönung im Frankenreich und in Byzanz aufgenommen?*

M 1   Einhard zur Krönung Karls des Großen

Der Biograph Karls des Großen, Einhard, hielt die Ereignisse der Kaiserkrönung in Rom in seiner Lebensbeschreibung Karls fest

So hoch er [Karl] sie [die Stadt Rom] auch ehrte, so kam er während der siebenundvierzig Jahre seiner Regierung doch nur viermal dorthin, um sein Gelübde zu erfüllen und zu beten. Seine letzte Reise hatte nicht darin allein ihren Grund,
5 sondern sie wurde auch dadurch veranlasst, dass Papst Leo durch die vielen Misshandlungen, die er von Seiten der Römer erlitten hatte, indem sie ihm nämliche die Augen ausrissen und die Zunge abschnitten, sich genötigt sah, den König um Schutz anzuflehen. Er kam also nach Rom und brauchte
10 daselbst den ganzen Winter, um die Kirche aus der überaus großen Zerrüttung, in die sie verfallen war, zu reißen. Damals war es, dass er die Ernennung zum Kaiser und Augustus empfing; das war ihm zuerst so zuwider, dass er versicherte, er würde an jenem Tage, obgleich es ein hohes Fest
15 war, die Kirche nicht betreten haben, wenn er des Papstes Absicht hätte vorher wissen können. Den Hass der römischen [gemeint sind die byzantinischen] Kaiser, die ihm die Annahme des Kaisertitels sehr verübelten, trug er mit großer Gelassenheit, und mit der Hochsinnigkeit, in der er ohne
20 alle Frage weit über ihnen stand, wusste er ihren Trotz zu besiegen, indem er häufig durch Gesandtschaften mit ihnen verkehrte und sie in seinen Briefen als Bruder anredete.

Einhard, Vita Karoli Magni, cap. 27, 28, 30; zit. nach: Lautemann, Wolfgang: Mittelalter (= Geschichte in Quellen, hg. v. Wolfgang Lautemann und Manfred Schlenke, Bd. 2), München 1996, S. 71.

M 2   Der byzantinische Geschichtsschreiber Theophanes (765–817) beschreibt in seiner Chronik die Kaiserkrönung Karls des Großen

Im selben Jahr erhoben sich in Rom die Verwandten des seligen Papstes Hadrian, die das Volk auf ihre Seite gebracht hatten, gegen Papst Leo, und nachdem sie ihn gefangen genommen hatten, ließen sie ihn blenden. Sie vermochten
5 aber nicht sein Augenlicht zum Erlöschen zu bringen, da die Leute, die ihn blenden sollten, menschlich mit ihm verfuhren und ihn schonten. Er floh zum Frankenkönig Karl, der grausame Rache an den Feinden des Papstes nahm und ihn wieder auf seinem Thron einsetzte. Seit jener Zeit steht Rom
10 unter der Macht der Franken. Als Belohnung dafür krönte der Papst ihn am 25. Dezember der 9. Indiktio (= im Jahre 800) zum römischen Kaiser in der Kirche des heiligen Apostels Petrus, nachdem er ihn von Kopf bis zu den Füßen gesalbt und ihm das kaiserliche Gewand angelegt und die Kro-
15 ne aufgesetzt hatte.

Theophanes, Chronik zu den Jahren 796/791 und 800/801; zit. nach: Lautemann, Wolfgang: Mittelalter (= Geschichte in Quellen, hg. v. Wolfgang Lautemann und Manfred Schlenke, Bd. 2), München 1996, S. 71.

M 3   Richtig oder falsch?

Nr.	Aussage	richtig	falsch	Text	Zeile
1	Nach Einhard reagierte Karl der Große mit großer Grausamkeit gegenüber den Feinden des Papstes.				
2	Theophanes sagt, dass sich Verwandte des verstorbenen Papstes Hadrian gegen Papst Leo erhoben.				
3	Die Kaiserkrönung fand am ersten Weihnachtstag des Jahres 800 statt.				
4	Karl der Große besuchte Rom sehr oft.				
5	Die Kaiserkrönung Karls wurde von den byzantinischen Kaisern negativ aufgenommen.				

M4 Tabelle zum Vergleich

Einhard	Theophanes

M5 Zeitungsartikel

_____

_____

_____

_____

_____

_____

_____

_____

_____

_____

_____

_____

_____

1 Lies die beiden Quellen durch und unterstreiche die wesentlichen Aussagen.

2 Teste dein Leseverständnis, indem du die Tabelle M3 ausfüllst.

3 Vergleiche die beiden Quellen in der Tabelle M4.

4 Verfasse auf der Grundlage der beiden Berichte in M5 einen Zeitungsartikel zur Kaiserkrönung Karls des Großen.

Die fränkischen Reichsteilungen

Karl der Große hatte das Fränkische Reich durch Eroberungen und entsprechende Erweiterungen zu einem riesigen Staat gemacht, der die Nachfolge des Weströmischen Reiches antrat. Unter seinen Nachfolgern wurde dieses Reich aber wieder aufgeteilt.

- *Wie kam es dazu?*
- *Welche Folgen hatten die Reichsteilungen?*

 Die fränkischen Reichsteilungen

Ludwig der Fromme war der einzige noch lebende Thronfolger Karls des Großen. 813 krönte ihn Karl in Aachen selbst zum Mitkaiser. Er wurde „der Fromme" genannt, da er wie bereits sein Vater die Kirchen anhielt, die Menschen mithilfe
5 der christlichen Gebote zu einem gottgefälligeren Leben anzuleiten. Als Karl der Große starb, herrschte Ludwig allein über das Riesenreich. Auch er wollte seine Nachfolge wie der Vater regeln und das Reich an seinen ältesten Sohn übergeben.
10 817 machte sich Ludwig der Fromme also an die Regelung seiner Thronfolge, Lothar sollte die Kaiserwürde übernehmen und die anderen beiden Söhne, Pippin und Ludwig der Deutsche, sollten Teilreiche bekommen. Allerdings bekamen Ludwig der Fromme und seine zweite Frau Judith einen wei-
15 teren Sohn, Karl den Kahlen. Judith bestand darauf, dass dieser auch ein Stück vom Reich bekommt, und so hob Ludwig der Fromme 829 seine ursprüngliche Regelung wieder auf.
Das erzürnte die anderen Söhne so stark, dass sie sich ge-
20 gen ihren Vater auflehnten. Diesen Aufstand konnte Ludwig der Fromme 830 erfolgreich niederschlagen. Aber es kriselte im Reich, denn auch die Lehensmänner des Königs hatten große Grundherrschaften erworben und wurden zunehmend eigenständig.
25 833 setzte Ludwig der Fromme seinen Sohn Pippin in Aquitanien ab. Erneut kam es zu einem Aufstand der Söhne gegen ihren Vater. Diese erreichten sogar, dass das Heer Ludwigs des Frommen zu ihnen überlief. Der Vater wurde zwar abgesetzt, konnte aber bereits 834 die Kaiserkrone wiederer-
30 langen, denn auch die Söhne waren sich untereinander uneinig.

838 starb Pippin, 840 Ludwig der Fromme und es kam – wie zu erwarten – zu Erbfolgekriegen zwischen den verbleibenden Brüdern. Ludwig der Deutsche und Karl der Kahle be-
35 siegten Lothar I. 842 in der Schlacht von Fontenoy. 843 wurde im Vertrag von Verdun die erste Reichsteilung besiegelt. Dabei richtete man sich nach wirtschaftlichen Gründen und versuchte, eine Gleichberechtigung herzustellen. Ludwig der Deutsche bekam den östlichen Teil, Lothar I. den mittleren
40 Teil (Lothringen, Burgund und Norditalien) und Karl der Kahle den westlichen Teil.
Diese Teilung war der erste Schritt zum Zerfall des Riesenreichs Karls des Großen. Das Mittelreich Lothars I. wurde nach seinem Tod 855 unter seinen Söhnen aufgeteilt und
45 schließlich im Vertrag von Meerssen 870 komplett aufgelöst. Ludwig der Deutsche erhielt die Osthälfte, den Rest bekam Karl der Kahle. Die Grenze der Teilreiche stellte zugleich eine Sprachgrenze dar, denn im Osten wurde eine Volkssprache germanischen Ursprungs gesprochen, im Westen eine Spra-
50 che, die auf das Lateinische zurückgeht.
Die Reichsteilungen fanden schließlich 880 mit dem Vertrag von Ribemont ihren Abschluss. Das ursprüngliche Reich war nun in vier Teile zerfallen. Der Zerfall wurde allerdings auch durch Angriffe der Normannen (u.a. Wikinger), Ungarn, Sa-
55 razenen u.a. gefördert. Sie nutzten die Schwäche des Reichs zu Raubzügen. Letztlich kann man als Fazit festhalten, dass das Reich gespalten war, dass die einzelnen Teile Vorläufer der späteren Nationalstaaten Frankreich, Deutschland und Italien darstellten und dass durch das Fehlen einer Zentral-
60 gewalt, wie sie Karl der Große innegehabt hatte, kleinere Adelsgeschlechter aufsteigen konnten, so z.B. die Bayern, Sachsen, Franken und Schwaben.
Verfassertext

M 2   **Fragen, Aufgaben und Antworten**

Frage/Aufgabe 1: _____

_____

_____

_____

Frage/Aufgabe 2: _____

_____

_____

_____

Frage/Aufgabe 3: _____

_____

_____

_____

Frage/Aufgabe 4: _____

_____

_____

_____

Frage/Aufgabe 5: _____

_____

_____

_____

1 Lies den Text M1 und versuche, so viele Inhalte wie möglich zu behalten.

2 **Wähle aus:**
  a) Stelle in M2 fünf Fragen zum Text.
  b) Stelle in M2 fünf Aufgaben zum Text. Benutze dafür die Operatoren: Beschreiben, Zusammenfassen, Erklären, Begründen und Bewerten.

3 Tausche mit deinem Banknachbarn die Arbeitshefte und beantwortet dessen Fragen in Satzform bzw. löse dessen Aufgaben entsprechend den Operatoren, ohne auf den Text M1 zu schauen.

4 Korrigiert eure Antworten gegenseitig.

Der Zeitabschnitt von der Antike bis zum Mittelalter stellt eine bedeutende Zäsur in der europäischen Geschichte dar. Einerseits ging das Imperium Romanum unter und es bildeten sich verschiedene Nachfolgestaaten heraus. Andererseits setzte sich im Frühmittelalter das Christentum endgültig durch. Hier wurden also die Grundlagen für unsere gegenwärtige christlich-abendländische Kultur geschaffen. Was weißt du noch über diese Zeit?

M1 Buchstabensalat

N	E	N	N	U	H	H	G	P	F	D	E	N
U	V	I	W	R	L	J	A	F	O	K	K	E
D	I	O	K	L	E	T	I	A	N	B	O	T
R	L	F	A	U	H	G	I	P	R	T	ß	O
E	U	L	R	V	E	I	A	S	V	M	L	G
V	Q	L	L	ß	H	W	K	I	E	I	O	T
N	Y	O	D	I	C	D	U	V	I	R	P	S
O	A	D	E	V	P	O	K	R	H	P	T	O
V	P	Z	R	R	A	L	T	ß	C	Z	E	K
G	Z	B	G	W	A	H	R	B	R	Y	S	Z
A	E	W	R	Q	U	C	I	K	A	U	B	U
R	N	P	O	D	O	A	K	E	R	Q	Y	I
T	H	Y	ß	R	T	I	L	Y	T	K	Z	T
R	U	R	E	B	A	R	A	ß	E	N	A	E
E	R	I	E	S	P	W	P	A	T	E	N	R
V	A	T	E	N	H	Y	Z	F	E	L	Z	B

Hinweis: Die Begriffe sind von links und von rechts sowie von oben und von unten zu lesen. Begriffe aus mehreren Wörtern sind zusammengeschrieben.

Beispiel-Akrostichon **K** arl der Große war
A ls Kaiser
R egent eines riesigen
L andes

M2 Akrostichon

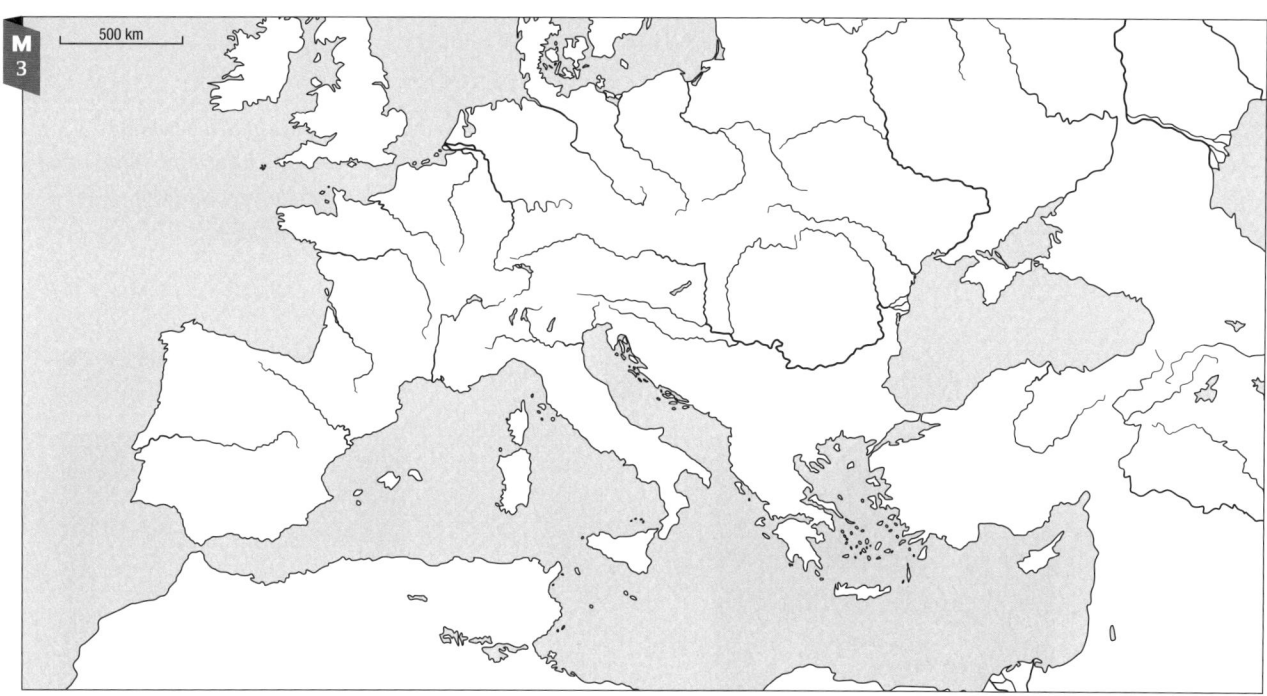

M3

500 km

M4 **Legende**

Symbol	Erklärung

„Das hat mich besonders interessiert"

1 Im Buchstabensalat M1 sind zehn Begriffe enthalten. Finde und markiere sie.

2 Wähle einen der Begriffe aus, schreibe ihn von oben nach unten in M2 und erstelle ein Akrostichon zum Begriffsthema.

3 Wähle dir aus diesem Kapitel ein Jahrhundert aus. Stelle die Ereignisse und Verläufe aus diesem Jahrhun- dert in der Karte in M3 dar. Fertige zusätzlich eine Le- gende (M4) an.

4 Trage in den Kasten „Das hat mich besonders interes- siert" ein, was dich an der Thematik „Von der Antike zum Mittelalter" besonders interessiert hat, und erläu- tere warum.

Personen in der Geschichte

Nicht nur Könige und Kaiser prägten im Mittelalter die Geschichte. Auch Personen, die den Alltag ihrer Mitmenschen durch mystische, künstlerische oder auch medizinische Taten beeinflussten, wurden von vielen hoch ange- *sehen. Einige von ihnen wurden sogar als Heilige verehrt, nachdem sich die Berichte über ihre Taten und Werke in weiten Teilen der Reiche verbreiteten.*
- *Welche Taten und Werke waren dies?*

M1 Steckbrief

Walther von der Vogelweide

Lebensdaten:

_____

_____

_____

_____

Wirken:

_____

_____

_____

_____

M2 Steckbrief

Hildegard von Bingen

Lebensdaten:

_____

_____

_____

_____

Wirken:

_____

_____

_____

_____

M3 Text

_____

_____

_____

_____

1 Recherchiere und ergänze die gesuchten Informationen zu Walther von der Vogelweide (M1) und Hildegard von Bingen (M2). Nutze dafür das Internet.

2 **Wähle aus:**

   a) Verfasse in M3 zu einer der beiden Personen einen Lexikonartikel.

b) Stell dir vor, du bist Museumsführer und sollst eine Besuchergruppe über eine der beiden Personen informieren. Verfasse dazu in M3 einen interessanten Text.

Leben im Kloster

Im Jahr 529 n. Chr. gründete Benedikt von Nursia das Kloster Montecassino – heute eines der ältesten Klöster in Europa. Er gilt als Urvater des abendländischen Mönchtums, denn er verfasste eine Klosterregel, die zur Grundlage vieler weiterer Klöster wurde.
Die Benediktinerregel besteht aus einem Vorwort und 73 Kapiteln, die alle Dinge des Lebens eines Mönches umfassen. Ein Grundsatz lautet: ora et labora (Bete und arbeite!). Wie das Leben in einem Kloster bzw. das der Mönche und auch Nonnen aussah, kannst du auf dieser Seite erfahren.

M1 Informationen zum Kloster

Der Begriff „Kloster"	stellte	Wandermönche die ersten Klöster im frühen Mittelalter.
In Europa	lernten	das Leben der Mönche, so z. B. wann und wie welche Tätigkeiten auszuführen waren.
Die Mönche	legten	schreiben und lesen, daher kann man die Klöster als Schulen des Mittelalters bezeichnen.
Die Klosterordnung	ist	abgeleitet vom lateinischen Wort „claustrum" und bedeutet „das Abgeschlossene".
Ein Kloster	umfasste	gesammelt und auch abgeschrieben und in Klosterbibliotheken gesammelt – auch Klosterchroniken wurden verfasst.
Die Mönche und Nonnen	erbauten	bei Eintritt in ein Kloster ein Gelübde ab und bekannten sich zu Armut, Keuschheit und Gehorsam.
In den großen Klöstern	konnten	das Klosterleben eine gute Alternative zum rechtlosen Hausfrauenleben dar.
Bücher	gab	fast alles, was zum Leben benötigt wurde, so z. B. auch Gärten, Werkstätten oder einen Friedhof.
Vor allem für adlige Frauen	regelte	die Klöster nicht lange bestehen, daher unterstellten sie sich entweder Königen und wurden Reichsklöster oder Adligen und wurden Eigenklöster genannt.
Ohne Schutz	wurden	es auch Armenhäuser oder Hospitäler und Bedürftigen wurde geholfen.

M2 Ein Tag im Leben des Mönchs Luitfrid

Mitten in der Nacht wird Luitfrid aus seinen Träumen gerissen, denn eine Stunde nach Mitternacht muss er aufstehen, sich ankleiden und dann zum Nachtgebet bis 2:30 Uhr. Danach kann er sich noch einmal kurz hinlegen, doch bereits
5 um 4:00 Uhr finden in der Klosterkirche die Laudes (Klostergesänge auf Gott) statt. Bevor Luitfrid dann um 5:45 Uhr endgültig aufstehen muss, kann er noch einmal kurz schlafen. Nach dem Gebet der ersten Tagesstunde (Prim) um 6:00 Uhr versammeln sich die Mönche um 6:30 Uhr im
10 Kapitelsaal und besprechen die Arbeitsverteilung. Dann geht es gemäß ora et labora an die Arbeit in den Garten, in die Schreibstuben oder Werkstätten. Um 9:00 Uhr wird die Arbeit durch die Terz (Gebet der dritten Tagesstunde) und gegen 12:00 Uhr durch die Sext (Gebet der sechsten Tages-
15 stunde) sowie durch das Mittagessen unterbrochen. Allerdings darf Luitfrid beim Essen im Refektorium nicht reden, das hätte Strafe zur Folge, sondern er lauscht mit seinen Brüdern einer Lesung aus der Bibel. Um 14:00 Uhr, nach der Mittagsruhe, geht Luitfrid wieder an seine Arbeit, die schon
20 bald wieder unterbrochen wird, diesmal durch die Non (Gebet der neunten Tagesstunde) um 15:00 Uhr. Die Vesper findet gegen 17:00 Uhr statt, danach ca. um 18:00 Uhr das Komplet (Schlussgebet). Nach Sonnenuntergang kann Luitfrid dann endlich ins Bett gehen. Ein langer Tag liegt hinter
25 ihm, doch viel Zeit zum Träumen bleibt ihm nicht.
Verfassertext

---

1 Die Informationen zum Kloster in M1 sind durcheinandergeraten. Markiere die Satzteile, die zusammen einen Sinn ergeben, jeweils mit einer Farbe.
2 Erstelle in deinem Heft eine Tabelle mit drei Spalten: Zeit – Aufgaben Luitfrid – Meine Aufgaben. Trage die im Bericht M2 genannten Uhrzeiten ein und ergänze Luitfrids Aufgaben. Schreibe nun deine Tätigkeiten zu den jeweiligen Uhrzeiten daneben in die dritte Spalte. Vergleiche die Tagesabläufe.

Die Bauern

Die mittelalterliche Gesellschaft unterlag einer festen Ordnung, den Ständen. Dem untersten Stand gehörten über 90 Prozent der Bevölkerung an: vor allem die Bauern auf dem Land, aber auch kleine Händler und Handwerker in den Städten. Dieser dritte Stand genoss nur geringes Ansehen, auch wenn er im Grunde die Ernäh- *rung und den Reichtum des ersten und zweiten Standes (Klerus und Adel) sicherte.*

Auf dieser Doppelseite kannst du den Themenbereich „Bauern und Landwirtschaft" selbst hinterfragen und Antworten finden.

Zentrale Frage: _____

 Bäuerliche Tätigkeiten im Laufe des Jahres

Frage zu den Bildern M1: _____

 Landwirtschaft

Zweifelderwirtschaft

	Feld 1	Feld 2
1. Jahr	Getreide	Brache
2. Jahr	Brache	Getreide
3. Jahr	Getreide	Brache

Dreifelderwirtschaft

	Feld 1	Feld 2	Feld 3
1. Jahr	Wintergetreide	Sommergetreide	Brache
2. Jahr	Sommergetreide	Brache	Wintergetreide
3. Jahr	Brache	Wintergetreide	Sommergetreide

Frage zu den Bildern M2: _____

M3 **Arbeitsgeräte**

Frage zu den Bildern M3: _____

_____

_____

Hakenpflug   Räderpflug

M 4 **Text mit Antworten auf die Fragen:**

_____

_____

_____

_____

_____

_____

_____

_____

_____

_____

_____

_____

_____

_____

_____

_____

_____

_____

_____

1 Betrachte die Bilder (M1–M3) genau und formuliere eine zentrale Frage zu allen Bildern.

2 Formuliere nun jeweils eine Frage zu M1, M2 und M3.

3 **Wähle aus:**
  a) Beantworte nun in M4 alle Fragen mithilfe der Bilder in einem zusammenhängenden Text.

b) Beantworte die Fragen deines Banknachbarn mithilfe der Bilder in M4 in einem zusammenhängenden Text.

4 Ergänze deine Ausführungen mit weiteren Informationen zum Thema „Bauern und Landwirtschaft" im Mittelalter.

Eine Stadtgründung

Auf dem Gebiet des Heiligen Römischen Reiches setzte im 12. Jahrhundert eine Städtegründungswelle ein. Einige Städte gingen bereits auf römische Stadtgründungen zurück, andere hingegen entstanden, weil sie das Stadtrecht bekamen. Die neue Ordnung wurde in Urkunden festgehalten, also Schriftstücken, die in einer bestimmten

Form abgefasst, beglaubigt und verbindlich sind. Auf dieser Seite kannst du lernen, eine Stadtgründungsurkunde zu analysieren.

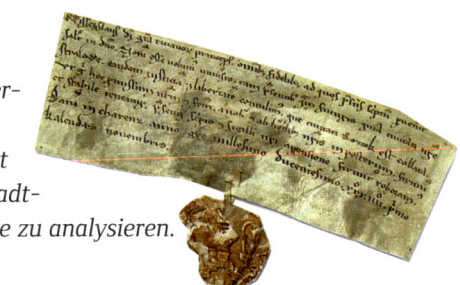

 Stadtrechtsurkunde

Im Namen der heiligen und unteilbaren Dreifaltigkeit Friedrich, dank göttlicher Gunst und Güte erhabener Kaiser der Römer! Allen jetzigen und zukünftigen Christgläubigen sei kundgetan: Nachdem die Stadt Augsburg durch die Nach-
5 lässigkeit und den Unverstand ihrer Bischöfe [...] an der Ausübung des Rechts gehindert und insbesondere durch die unverschämten und gottverhassten Abgabeforderungen der Vögte [...] gequält worden war, wurde sie schließlich dennoch [...] auf Befehl des frommen Kaisers Friedrich [...] mit rühmli-
10 chem Rechte geschmückt. Einst trug es sich nämlich zu, dass Bischof Konrad [...] unter Tränen Klage darüber führte, dass in dieser Stadt keinerlei festes Recht [...] in Gebrauch sei. Daraufhin gebot ihnen der [Kaiser] zu verkünden, nach welchem Recht sie auf der Grundlage der alten und rechtmä-
15 ßigen Satzungen regiert werden solle. [...] Ohne Widerspruch des Vogtes Adelgoz und des Burggrafen Konrad [wurde] das Recht [verkündet und] im Rathaus zu Regensburg bestätigt [...], so wie es die hier nachstehende Urkunde ausweist [...]. Folgendes ist die Gerechtigkeit der Stadt Augs-
20 burg: 1. Wer den Stadtfrieden bricht, muss dem Bischof zehn Pfund Sühne zahlen; wenn er diese nicht hat, ist er an Haut und Haar zu strafen. 2. Der Bischof darf den städtischen Ministerialen und dem ganzen Volk der Stadt auf deren Bitte nur einen Burggrafen und nur einen Münzer geben. 3. Fer-
25 ner soll er ihnen aufgrund der Bitte des großen Chorstiftes und aufgrund der Bitten der Vorgenannten [Stadt-] Pfarrer

aus diesem Chorstift geben. [...] 5. [...] Recht des Herrn Bischof: 5.a. Der Bischof soll vom Zoller sechs Pfund erhalten und [...] zwei Wehrgehänge [...]. 5.b. Von den Hausstätten
30 sind [ihm alljährlich] am Fest des heiligen Michael vier Pfund zu geben. [...] 6. [...] Das städtische Recht: 6.a. Wer eine Hausstätte ohne Einrede über Jahr und Tag in Besitz hat, braucht sich fürderhin keinerlei Hörigkeitsforderung zu stellen [...]
35 7. [Rechte] des Vogtes: 7.a. Der Vogt soll jedes Jahr drei Echtedinge abhalten, und [sonst] keinerlei Gericht halten [...].7.b. Unter die Rechtsprechung des Vogtes fallen Frevel, Ungericht und Zweikampf. [...] 8. [...] Rechte des Burggrafen: 8.a. Der Burggraf muss täglich – entsprechend dem Recht der
40 Städter – zu Gericht sitzen. 8.b. [...] Einmal im Monat kann er sich Brote [...] backen lassen, und wenn ein Bäcker sich beim Brotbacken [zum dritten Mal vergeht], soll er [...] an Haut und Haar gestraft werden [...]. Handzeichen des Herrn Friedrich, des erhabenen Kaisers der Römer Ich, Kanzler Rei-
45 nald, habe stellvertretend für Erzbischof und Erzkanzler Arnold von Mainz gegengezeichnet. Gegeben zu Nürnberg, am 21. Juni, im fünften Römerzinsjahr, im Jahr der Fleischwerdung des Herrn 1156, im sechsten Jahr der Königsherrschaft Herrn Friedrichs, [...] im dritten Jahr seiner Kaiserherr-
50 schaft. Verhandelt in Christus, Glück und Segen, Amen.
Zit. nach: http://www.mittelalterliche-geschichte.de/handschriftenlesesaal/urkundenlehre/koenigsurkunde.html (Stand: 31.07.2014)

 Aufbau einer Urkunde

Haupt-bestandteile	Einzelbestandteile	Zeile(n)
Protokoll	Invocatio: Anrufung Gottes	
	Intitulatio: Name und Titel des Ausstellers	
Kontext	Promulgatio: Verkündungsformel	
	Publicatio: Begründung der Verleihung, Nennung der Vermittler und Gründe der Verleihung	
	Dispositio: Rechts- und Sachinhalt der Urkunde	
Eschatokoll	Signumzeile: enthält das Monogramm des Königs, hat den Charakter einer Unterschrift	
	Rekognitionszeile: enthält die Beglaubigung durch den Kanzler	
	Datierung: Angabe von Ausstellungort und Ausstellungzeit, Zeit der Urkundenübergabe	
	Apprecatio: abschließender Segenswunsch	

M 3 Die Urkunde analysieren

Formale Angaben der Urkunde (Personen und ihre Funktionen; Entstehungszeit und -ort, Thema der Urkunde)

_____

_____

Fasse den Inhalt der Urkunde mit eigenen Worten zusammen.

_____

_____

_____

_____

_____

_____

_____

Recherchiere weitere Informationen zu den Inhalten (z.B. zu den Personen).

_____

_____

Beurteile den Aussagegehalt bzw. die Glaubwürdigkeit der Urkunde.

_____

Teste dich

Das konnte ich gut

_____

_____

Das muss ich noch üben

_____

_____

1 Markiere die einzelnen Bestandteile der Urkunde M1 und trage die entsprechenden Zeilenangaben in M2 ein.

2 Analysiere die Urkunde entsprechend der Vorgehensweise in M3.

3 Trage in den Kasten „Teste dich" ein, was du bei der Methode „Urkunden analysieren" gut konntest und was du noch üben musst.

Die Ritter

Bis in unsere Gegenwart haben sich einige Aspekte des Ritterlebens gehalten. Sprichwörter wie „Für jemanden eine Lanze brechen" haben ihren Ursprung im Umfeld der mittelalterlichen Ritter. In vielen Filmen und auf Mittelalterfesten begegnen wir den Männern in ihrer Rüstung und auf dem Pferd.

- *Aber wie wurde man im Mittelalter ein Ritter?*
- *Wie lebten sie?*
- *Welche Bedeutung hatten sie für die Gesellschaft?*

Die Ritter im Mittelalter

Nur Menschen aus dem Adel konnten ihre Kinder zu Rittern ausbilden lassen. Die Ausbildung begann früh und galt nur für Jungen. Diese dienten den Rittern als Training für die Schlacht. Die Jungen wurden mit 7 Jahren als Pagen an ei-
5 nen fremden Hof gesandt. Hier bekamen sie einen Ritter zum Herren, der ihnen den Umgang mit Lanze und Schwert, ritterliche Umgangsformen sowie die Regeln bei den Turnieren beibrachte. Der zweite Abschnitt der Ausbildung begann mit 14 Jahren. Jetzt hieß der zukünftige Ritter
10 Knappe. Einige wurden daraufhin zu Raubrittern, die plündernd durch die Lande zogen oder Kaufmannszüge überfielen. Aber auch im Falle einer Schlacht wurde der Knappe eingesetzt. Nur die dafür ausgewählten Edelknappen konnten mit 21 Jahren in den Ritterstand erhoben werden. Dieser Be-
15 deutungsverlust führte zu einem Aussterben der Ritter. Symbolisch geschah dies durch die Schwertleite, dabei erhielt man den Ritterschlag, einen Schlag mit der Hand oder dem Schwert auf den Nacken oder die linke Schulter.
Als Ritter genoss man im frühen Mittelalter ein hohes Anse-
20 hen. Drei Tugenden waren für die Ritter von Bedeutung. Gegen eine Armbrust und andere Feuerwaffen boten selbst die Rüstungen kaum noch Schutz. Zum einen der Kampf für den und die Treue zum Lehensherrn. Die dritte ritterliche Tugend war die Verehrung von Frauen. Die Mädchen blieben
25 meist am Hof der Eltern. Um Frauen für sich zu gewinnen, nutzten viele Ritter den Minnesang, eine Art Dichtung. Einige, wie Walther von der Vogelweide, erlangten darin großen Ruhm. Man bekam von seinem Herren, einem Fürsten, König oder Kaiser, eine Burg und abhängige Bauern, von de-
30 ren Abgaben man sein Leben finanzieren konnte.
In den Burgen fanden in Friedenszeiten oftmals Turniere statt. In verschiedenen Wettkämpfen traten sie gegeneinander an, um die Gunst und Zuneigung einer adligen Dame, meist einer Verwandten des Burgherrn, zu gewinnen. Nun
35 musste er seinen Herren zu Turnieren begleiten und ihn unterstützen. Natürlich steigerte sich mit einem Turniersieg auch das Ansehen des Ritters. Nicht alle Knappen wurden auch zu Rittern ernannt.
Im späten Mittelalter sank allerdings die Bedeutung des Rit-
40 terstandes. Dies lag vor allem daran, dass es inzwischen neuartige Waffen gab. Zudem nutzten die Fürsten nun verstärkt Berufssoldaten, um ihr Land zu verteidigen. Sie konnten sich kaum noch finanzieren. Von der Beute konnten sie ihr Leben finanzieren. Als Zweites verteidigten die Ritter die
45 christliche Kirche, was sich besonders bei den sogenannten Kreuzzügen zeigte. Durch ein Drama von Johann Wolfgang von Goethe wurde der Raubritter Götz von Berlichingen bekannt. Aber auch diese neue Schicht konnte den Niedergang der Ritter nicht aufhalten. In der Frühen Neuzeit verschwan-
50 den sie komplett von der Bildfläche der großen Politik.
Verfassertext

M 2

Ausbildung zum Ritter	Bedeutung der Ritter	Burg als Lebensraum	Untergang der Ritter

M 3 Schaubild „Ritter im Mittelalter"

M 4 Leseverständnis

1. Ritter genossen im _____ Mittelalter ein _____ _____.

2. Mit 21 Jahren wurden die _____ zu _____ _____.

3. _____ dienten zum Training in Phasen, in denen _____ herrscht.

4. Durch _____ _____ wurden die _____ zunehmend nutzlos.

5. Nur _____ aus _____ Familien konnten zum Ritter _____ werden.

1 Der Informationstext in M1 ist durcheinandergeraten. Sortiere die einzelnen Passagen thematisch, indem du mit schwarzer Farbe diejenigen Abschnitte unterstreichst, die Auskunft zur Ausbildung von Rittern geben, mit roter Farbe die Informationen zur Bedeutung der Ritter, mit grüner Farbe die Inhalte zur Burg und mit blauer Farbe die Abschnitte zum Untergang der Ritter. Trage die wesentlichen Informationen anschließend in die Tabelle M2 ein.

2 Fertige auf Grundlage der Informationen aus dem Text M1 ein Schaubild (z.B. eine Mindmap) zum Thema „Ritter im Mittelalter" an.

3 Teste dein Leseverständnis, indem du die Sätze in M4 sinnvoll vervollständigst.

Die Grundherrschaft und das Lehnswesen

Grundherrschaft und Lehnswesen bildeten im Mittelalter die Grundlage der Gesellschaftsordnung und bestimmten das politische Zusammenleben. Das Lehnswesen basierte auf gegenseitiger Achtung und Treue. Es schuf eine wechselseitige Abhängigkeit zwischen dem Lehnsherrn und dem Vasallen.
- *Wer musste in diesem Verhältnis was leisten?*
- *War das Lehnswesen fair?*

 M 1 **Urkunde aus dem Jahr 893 n. Chr., die aufführt, was der Bauer Widrad dem Kloster Prüm in der Eifel abzuliefern bzw. zu leisten hatte.**

Widrad gibt an das Kloster jedes Jahr 1 Eber, 1 Pfund Garn, 3 Hühner, 18 Eier. Er fährt 5 Wagenladungen von seinem Mist auf unsere Äcker, bringt 5 Bündel Baumrinde für die Beleuchtung und fährt 12 Wagenladungen Holz zum Kloster.
5 Dieses Holz dient im Winter zum Heizen. Ferner liefert Widrad dem Kloster jährlich 50 Latten und 100 Schindeln für Dachreparaturen.
Sein Brot bäckt Widrad in unserem Backhaus und das Bier braut er in unserem Brauhaus. Hierfür zahlt er an das Klos-
10 ter eine Gebühr. Eine Woche in jedem Jahr verrichtet er den Hirtendienst bei unserer Schweineherde im Wald. Er bestellt drei Morgen Land, das ganze Jahr hindurch, jede Woche drei Tage. Das bedeutet: Er muss bei der Einzäunung unserer Äcker und Weiden helfen, zur rechten Zeit pflügen, säen,
15 ernten und die Ernte in die Scheune bringen.
Bis zum Dezember, wenn das Getreide gedroschen wird, muss er es zusammen mit anderen Hörigen bewachen, damit es nicht von Brandstiftern angezündet wird. Wenn Widrad 15 Nächte Wachdienst verrichtet, das Heu geerntet und
20 auf unseren Äckern gepflügt hat, erhält er in einem guten Erntejahr Brot, Bier und Fleisch; in anderen Jahren erhält er nichts. Die Frau Widrad muss leinene Tücher aus reinem Flachs anfertigen, 8 Ellen lang und 2 Ellen breit. Sie fertigt daraus Hosen für die Mönche an.
Zit. nach: Günther Franz, Quellen zur Geschichte des deutschen Bauernstandes im Mittelalter, Darmstadt (Wissenschaftliche Buchgesellschaft) 1967, S. 83ff.

M 2 **Aufgaben von Bauer Widrad im Rahmen des Lehnswesen**

Abgaben	Dienstleistungen

M 3 **Schaubild zum Lehnswesen**

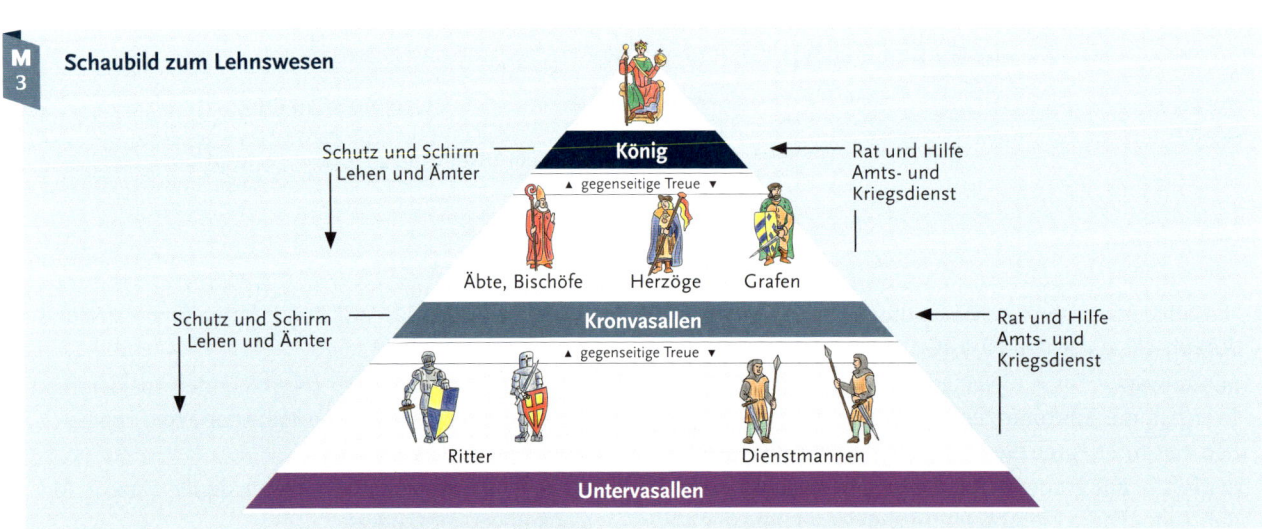

M4 Vor- und Nachteile des Lehnswesen

Vorteile	Nachteile

M5 Fiktives Interview mit Widrad

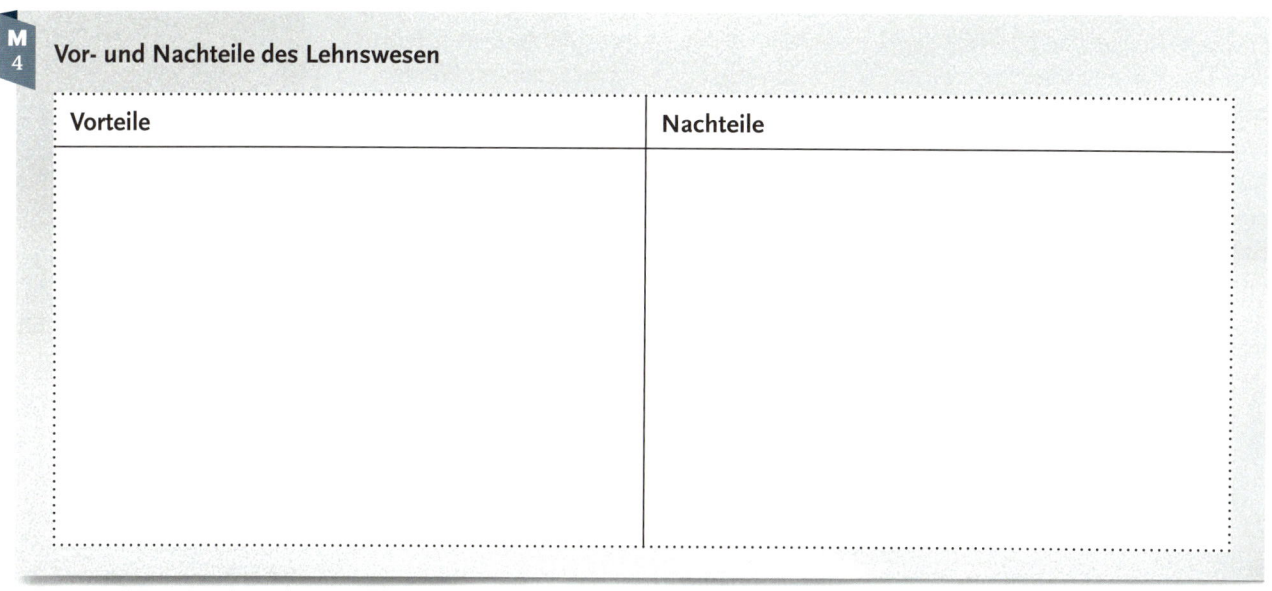

Wünschst du dir ein anderes Leben?

Bist du zufrieden und glücklich mit deinem Leben?

---

1 Lies die Quelle in M1 gut durch. Trage in die Tabelle M2 ein, zu welchen Abgaben und Dienstleistungen der Bauer Widrad verpflichtet wurde.

2 Betrachte das Schaubild in M3. Benenne Vor- und Nachteilen des Lehnswesens und trage sie in M4 ein.

3 Stell dir vor, du wärst der Bauer Widrad. Beantworte die Fragen im Interview in M5.

In diesem Kapitel hast du einige Aspekte aus dem Leben der Menschen im Mittelalter kennen gelernt. Man muss aber festhalten, dass dies nur Einblicke waren, denn in rund 1000 Jahren Mittelalter gab es natürlich vielfältige Veränderungen. Heute ist das Thema „Mittelalter" für einige Menschen immer noch so spannend und interessant, dass sie trotz unserer technischen Fortschritte in ihrer Freizeit am liebsten leben wie im Mittelalter.

Auf diesen beiden Seiten kannst du dein Wissen zum Thema „Leben im Mittelalter" überprüfen und wiederholen, um bei einem Besuch eines Mittelalterfestes mitreden zu können.

 Interview

Eine Informationssendung von Radio _____

zum Thema „Leben im Mittelalter".

Das Interview mit dem Mittelalterspezialisten _____

führt _____ .

_____

_____

_____

_____

_____

_____

_____

_____

_____

_____

_____

_____

_____

M 2 Eselsbrücken zum Thema „Mittelalterliche Lebenswelten"

_____

_____

_____

_____

_____

_____

_____

_____

_____

_____

Hinweis: Man kann kurze Gedichte mit einfachem Reimschema verfassen. Oder man kann einen kurzen Reim mit einer Zahl verbinden. Eine dritte Variante ist es, einen Lernsatz zu formulieren, bei dem die Anfangsbuchstaben der einzelnen Wörter den zu lernenden Begriff ergeben. Beispiele:
333 bei Issos Keilerei.
Alle Bauern tragen Essen zu ihr.
(= Abtei)

„Das hat mich besonders interessiert"

_____

_____

_____

_____

_____

1 Erarbeite mit einem Partner in M1 ein Radio-Interview zum Thema „Leben im Mittelalter". Denkt euch zunächst einen Sendernamen sowie Namen für Moderator und Experten aus. Formuliert dann einen Dialog.

2 Jeder kennt Eselsbrücken. Man nutzt diese Merkhilfen oder Lernsprüche, um sich etwas einzuprägen. Erstelle zu der Thematik „Mittelalterliche Lebenswelten" drei eigene Eselsbrücken und schreibe sie in M2 auf.

Tausche dich mit deinen Mitschülern aus und schreibe die besten der anderen Eselsbrücken auch in den Kasten.

3 Trage in den Kasten „Das hat mich besonders interessiert" ein, was dich an der Thematik „Mittelalterliche Lebenswelten" besonders interessiert hat, und erläutere warum.

Personen in der Geschichte

Bereits in den vorherigen Kapiteln hast du einige berühmte Persönlichkeiten des Mittelalters kennen gelernt. Natürlich gibt es noch viele weitere, die unbedingt erwähnt werden müssten, vor allem mit Bezug auf die poli- *tische Geschichte des hohen und späten Mittelalters. Auf dieser Seite kannst du selbst auswählen, wer aufgrund besonderer Taten auf jeden Fall noch vorgestellt werden muss.*

M1 Personen

Adelheid – Bernhard von Clairvaux – Editha – Friedrich I. Barbarossa – Friedrich II. (Staufer) – Gerhard Sasso – Gottfried von Bouillon – Gregor VII. – Heinrich IV. – Heinrich Walpot von Bassenheim – Ivo von Chartres – Karl IV. – Otto I. der Große – Philipp II. August – Saladin (Salah ad-Din) – Theophanu – Urban II. – Wichmann von Seeburg-Querfurt – Wilhelm der Eroberer

M2

M3 Steckbrief _____

1 Überlege zunächst, welche Informationen ein Steckbrief beinhalten sollte.

2 **Wähle aus:**

 a) Verfasse in M3 einen Steckbrief zu einer Person, die in M1 aufgelistet ist. Recherchiere dazu die entsprechenden Fakten und klebe ein Bild von der Person oder von einem Ereignis, mit dem die Person in Verbindung steht, in M2 ein.

 b) Verfasse in M3 einen Steckbrief zu einer Person des Mittelalters, die du kennst und die eine besondere Rolle in deiner Stadt oder deiner Region gespielt hat. Recherchiere dazu die entsprechenden Fakten. Klebe ein Bild von der Person oder von einem Ereignis, mit dem die Person in Verbindung steht, in M2 ein.

3 Stell dir vor, du bist die Person aus dem Steckbrief. Erkläre einem Mitschüler, wer du bist und was du geleistet hast.

Die Schlacht auf dem Lechfeld

Die Ungarn spielten in der deutschen Geschichte des Mittelalters eine besondere Rolle. Karl der Große konnte die Awaren besiegen und sich so ihr Reich einverleiben. Heinrich I. musste 933 die Ungarn an der Unstrut besiegen und sicherte so seine Stellung als König des Ostfrän- *kischen Reiches. Auch Otto I. der Große hatte „sein" Ungarn-Erlebnis.*
* *Was geschah?*
* *Welche Bedeutung hatte diese Schlacht für die weitere Regentschaft Ottos?*

M 1

Noch zu Lebzeiten von Ottos Vater, _____, war die Macht des Königs nicht unumstritten. Im Fränkischen Reich herrschte damals ein _____. Der den König wählende _____ war sehr mächtig. Dennoch gelang es _____, 936 König zu werden. Seine Position war aber nicht gefestigt. Immer wieder musste er im Inneren _____ der Herzöge niederschlagen. Auch von außen wurde sein Reich bedroht. Die _____, ein mächtiges Reitervolk aus dem Osten _____, fielen seit dem 9. Jahrhundert immer wieder plündernd ins Land ein. So auch im Jahr 955, als sie _____ angriffen. Auf dem _____ kam es am 10. August 955 zur entscheidenden Schlacht. Durch einen deutlichen Sieg konnte Otto die Ungarn zurückschlagen und seine _____ im Reich sichern.

M 2

Wortspeicher

Lechfeld – Aufstände – Ungarn – Otto – Wahlkönigtum – Heinrich I. – Macht – Bayern – Europas – Adel

M 3

Otto I. schlägt die Ungarn auf dem Lechfeld bei Augsburg, Holzstich um 1860

1 Fülle den Lückentext in M1 mit den in M2 vorgegebenen Wörtern sinnvoll aus.

2 Betrachte das Bild in M3 genau. Suche dir zwei zentrale Elemente in diesem Bild und interpretiere diese. Formuliere eine Gesamtaussage.

Machtsicherung im Mittelalter

Im Mittelalter hatten die Könige und Kaiser keine feste Hauptstadt, wie wir das heute kennen. Nur dort, wo sich der Herrscher tatsächlich aufhielt, konnte er seine Macht ausüben. Deshalb waren die Herrscher gezwungen, durch ihr Reich zu reisen. Hof hielten sie auf sogenannten Pfalzen.

- Wie war eine solche Pfalz aufgebaut?
- Welche Funktionen hatte sie?
- Wie viel reiste der Herrscher?

Infotext Pfalz

Mit dem Begriff Pfalz [...] bezeichnet die historische und archäologische Forschung eine hochrangige Regierungsstätte des mittelalterlichen Königs, im Kern bestehend aus dem zur Unterbringung des Herrschers und seines engsten Gefolges
5 geeigneten Wohngebäudes, der Pfalzkapelle und dem Saalbau, in dem bedeutende herrschaftliche Akte wie die Abhaltung von Hof- und Gerichtstagen oder der Empfang von Gesandten stattfanden. Zu einer Pfalz gehörte überdies ein Wirtschaftshof [...], welcher die Versorgung des reisenden Hofes
10 sicherstellte. [...] Zu den Wesensmerkmalen von Pfalzen gehört, dass sie nur vorübergehend vom reisenden Herrscher und Hof benutzt wurden. Dennoch gab es für jeden König bzw. Kaiser Orte, an denen er sich besonders oft aufhielt. Deshalb spricht die Forschung von Winter-, Oster- oder Weih-
15 nachtspfalzen. Neben der Unterbringungs-, der Versorgungs- und der Funktion als Regierungsstätte dienten Pfalzen auch als Herrschaftszeichen. Dies gilt vor allem während der lan-

gen Zeit der Abwesenheit während Feldzügen. Dann dienten sie als Versammlungsorte der Fürsten, an denen stellvertre-
20 tend für den Herrscher Recht gesprochen wurde.

Zitiert nach: Thomas Zotz: Pfalz und Pfalzen, in: Reallexikon der Germanischen Alterstumskunde, Bd. 22, Berlin/New York (de Gruyter) 2003, S. 640–645.

Kaiserpfalz in Goslar

Bestandteile und Funktionen der Pfalz

Bestandteil der Pfalz	Funktion

M3 Reiseweg von Otto dem Großen

Datum	Ort	Abreise (Schätzung)	Grund	Strecke
Januar 972	Ravenna	21. März 972	Weihnachtsfest mit der Familie	
7. April 972	Rom	9. Mai 972	Osterfest und Verhandlungen mit dem Papst	
25. Mai 972	Ravenna	22. Juli 972	unbekannt	
14. August 972	St. Gallen	16. August 972	unbekannt	
18. August 972	Konstanz	20. August 972	Absetzung Abt Eggehard von Reichenau	
1. September 972	Ingelheim	28. November 972	Reichssynode	
1. Dezember 972	Frankfurt	28. Januar 973	Weihnachtsfest mit der Familie	
13. Februar 973	Magdeburg	17. März 973	Palmsonntag-Feiern in Magdeburg	
19. März 973	Quedlinburg	24. April 973	Osterfest	
27. April 973	Merseburg	3. Mai 973	unbekannt	
6. Mai 973	Memleben		Otto I. erkrankt schwer und stirbt	

M4

Das Römische Reich 117 n. Chr.

Gründe für unterschiedliche Aufenthaltsdauer

1 **Wähle aus:**

a) Erkläre mithilfe von M1, welche Bestandteile und Funktionen eine Pfalz hatte. Nutze dafür die Begriffe Kapelle, Palasbau (Wohngebäude), Versammlungssaal, Wachhaus, Hauptwall.

b) Zeichne den Reiseweg Ottos des Großen aus M3 in die Karte M4 ein. Notiere in M3 die ungefähre Reisestrecke. Vergleiche die durchschnittliche Aufenthaltsdauer an den Orten und nenne mögliche Gründe.

2 Suche dir einen Partner, der das von dir nicht bearbeitete Thema gelöst hat, und tausche dich mit ihm aus.

Der Investiturstreit

Es liegen uns, wenn auch nur wenige, mittelalterliche Schriftstücke vor, die als Biografien bezeichnet werden können. Solche Schriften haben ihren Ursprung in der Antike und werden „Vitae" (Sing. „Vita") genannt. In der Regel sind dies Lebensdarstellungen von Heiligen, aber einige Vitae gehören auch in den Kontext der Geschichtsschreibung. Wir müssen diese Quellen analysieren, um herauszufinden, wie viel historische Wahrheit in ihnen steckt.

- *Übertreibt der Biograf oder schildert er die Ereignisse sachlich und historisch korrekt?*

 Auszug aus der „Vita Heinrici IV. imperatoris"

1. Wer gibt Wasser meinem Haupte und einen Tränenquell meinen Augen, damit ich beklagen kann [...] den Tod des erhabenen Kaisers Heinrich; er war meine Hoffnung und mein einziger Trost, ja, er war – um von mir zu schweigen –
5 der Ruhm Roms, die Zierde des Reiches, das Licht der Welt. [...] Doch nicht ich allein bejammere seinen Tod; [...] das ganze Römische Reich beweint ihn [...]. Da er geschieden ist, verschwand auch die Gerechtigkeit aus der Welt [...] und Lug und Trug traten an die Stelle des Rechts. [...] Ihr Armen habt
10 vor allem Grund zur Trauer, denn [...] er hat euch gespeist, er hat euch mit eigenen Händen gewaschen, er hat eure Blöße bedeckt. [...] Er war voll hoher Geisteskraft und großer Einsicht, und wenn das Urteil der Fürsten in einer Rechtssache [...] noch schwankte, löste er selbst rasch den
15 Knoten und erklärte ihnen, [...] was gerechter und nützlicher sei. [...] Hier will ich abbrechen. Ich komme jetzt zu Parteiungen, Ränken und Missetaten; die Wahrheit darüber zu berichten, ist gefährlich, Falsches, ein Verbrechen. [...] Ich [will] fortfahren, wie ich begonnen habe, standhaft und
20 unbekümmert, denn deine Treue zu mir ist erprobt, du wirst die Schrift niemandem zeigen oder ihren Autor verraten [...]. 2. Als Kaiser Heinrich seinem Vater, dem glorreichen Kaiser Heinrich III., noch im Kindesalter in der Regierung nachfolgte [...], da war das Reich noch in seinem alten
25 Zustand: kein Krieg störte den Frieden [...]. Noch war Gerechtigkeit mit Macht und Macht mit Recht gepaart. Diesen glücklichen Zustand des Reiches förderte die allererlauchteste Kaiserin Agnes kräftig, eine Frau mit männlichem Geist, die gemeinschaftlich mit ihrem Sohn zu
30 gleichem Recht den Staat regierte. Aber ein Kind flößt wenig Angst ein, und während die Furcht schwindet, wächst die Frechheit, das jugendliche Alter des Königs verleitete viele zu verbrecherischer Gesinnung. [...] [So] entriss man zuerst den Knaben seiner Mutter, deren Reife, Weisheit und strenge
35 Sitten man fürchtete. Als Grund gab man an, es gehöre sich nicht, dass eine Frau das Reich regiere [...]. Nachdem nun der junge König [...] zur Erziehung in die Hände der Fürsten gekommen war, tat er wie ein Kind alles, was sie ihm vorschrieben: wen sie wollten, erhob er, wen sie wollten,

40 verstieß er, und so kann man mit Recht sagen, dass sie nicht die Diener ihres Königs waren, sondern seine Herren. [...] Als er aber in das Alter geistiger Reife gelangt war [...], überprüfte er, was er unter dem Einfluss der Fürsten getan hatte, und [...] änderte, was zu ändern war. [...] Das nannten
45 jene aber nicht Recht, sondern Unrecht, und die, die alle Gesetze beiseitegeworfen hatten und sich in jegliche Schandtat stürzten, [...] schmiedeten Pläne, wie sie ihn entweder beseitigen oder der Herrschaft berauben könnten [...]. 3. Die Sachsen, ein hartes, raues Kriegsvolk, ebenso
50 kampflustig wie verwegen, ergriffen plötzlich die Waffen gegen den König [...]. Diese [...] schwere Untat erbitterte den König, er führte ein Heer gegen diesen Stamm, kämpfte und siegte. [...] [Aber sie verschworen] sich aufs Neue [...] erkannten jedoch, dass sie [ihn] nicht überwinden konnten,
55 [...] und denunzierten ihn bei Papst Gregor: es gehe nicht an, dass ein so schändlicher Mensch [...] als König herrsche; [...] man müsse Rom sein altes Recht, die Könige einzusetzen, wiedergeben. [...] Der Papst ließ sich durch diese Kriecherei täuschen, und zugleich reizte ihn die Ehre, den König
60 einzusetzen, [...] und so belegte er den König mit dem Bann [...]. Ja, er ging noch weiter: er löste alle, die dem König Treue geschworen hatten, von ihrem Eid [...]. Als Heinrich erkannte, wie sehr er in Bedrängnis geraten war, fasste er in aller Heimlichkeit einen schlauen Plan; plötzlich und
65 unerwartet reiste er dem Papst entgegen und erreichte [...] die Lösung vom Bann und unterband durch sein persönliches Dazwischentreten die für ihn bedenkliche Zusammenkunft des Papstes mit seinen Widersachern. Auf das ihm zur Last gelegte Verbrechen ging er kaum ein, weil
70 er, wie er betonte, auf Anschuldigungen seiner Gegner, selbst wenn sie auf Wahrheit beruhten, nicht antworten müsse. [...]

Zit. nach: Vita Heinrici IV. imperatoris, in: Quellen zur Geschichte Kaiser Heinrichs IV., neu übersetzt von Franz-Josef Schmale und Irene Schmale-Ott (= Ausgewählte Quellen zur deutschen Geschichte des Mittelalters. Freiherr-vom-Stein-Gedächtnisausgabe, Bd. XII), 3. unveränd. Aufl., Darmstadt (Wissenschaftliche Buchgesellschaft) 1963, S. 409–421.

M2

Analyse der Biografie

1. Nenne die formalen Angaben der Biografie (Titel, Verfasser, ggf. Empfänger, beschriebene Person, Entstehungsdatum und -Ort).

_____

_____

2. Fasse die Aussagen des Textes zusammen.

_____

_____

_____

_____

_____

3. Erläutere den historischen Hintergrund.

_____

_____

_____

4. Vergleiche Textinhalt und historischen Hintergrund und beurteile, inwiefern die Biografie glaubwürdig ist.

_____

_____

Teste dich

Das konnte ich gut

_____

_____

_____

Das muss ich noch üben

_____

_____

_____

1 Lies dir den Text M1 sorgfältig durch.

2 Analysiere die Biografie entsprechend der Vorgehensweise in M2. Nutze zur Recherche des historischen Kontextes dein Lehrbuch oder auch das Internet.

3 Trage in den Kasten „Teste dich" ein, was du bei der Methode „Biografien analysieren" gut konntest und was du noch üben musst.

Die Kreuzzüge

Als Papst Urban im Jahre 1095 zum Ersten Kreuzzug aufrief, war dies der Auftakt für eines der grausamsten und blutigsten Kapitel in der Geschichte. Beide Seiten – Christen wie Muslime – gingen mit unvorstellbarer Grausamkeit vor. Um sich vor den Eindringlingen zu schützen, rief die islamische Seite den Dschihad aus, sodass Muslime aus vielen Ländern kamen, um das Heilige Land zu verteidigen.

- *Wie sahen sich die Gegner?*
- *Wie bewerteten sie das gegnerische Handeln?*

M 1 — Der arabische Geschichtsschreiber Ibn al-Athir berichtet über die Einnahme Jerusalems, um 1230

Die Einwohner wurden ans Schwert geliefert, und die Franken blieben eine Woche in der Stadt, während derer sie die Einwohner mordeten. [...] In der al-Aqsa-Moschee töteten die Franken mehr als siebzigtausend Muslime, unter ihnen
5 viele Imame, Religionsgelehrte, Fromme und Asketen, die ihr Land verlassen hatten, um in frommer Zurückgezogenheit an diesem Ort zu leben. Aus dem Felsendom raubten die Franken mehr als vierzig Silberleuchter im Gewicht von 40 syrischen Pfund, außerdem von den kleineren Leuchtern
10 150 silberne und mehr als 20 goldene, und andere unermessliche Beute. [...]

Die Flüchtlinge erreichten Bagdad im Ramadan. [...] In der Kanzlei des Kalifen gaben sie einen Bericht, der die Augen mit Tränen füllte und die Herzen betrübte über das, was die
15 Muslime in der erhabenen heiligen Stadt Jerusalem erlitten hatten: die Männer getötet, Frauen und Kinder gefangen, alle Habe geplündert.

Francesco Gabriel (Hg.), Die Kreuzzüge aus arabischer Sicht, München (dtv) 1976, S. 49 f.; zit. nach: Hiram Kümper, Michaela Pastors, Mittelalter (= Fundus. Quellen für den Geschichtsunterricht), Schwalbach/Ts. (Wochenschau) 2008, S. 154.

M 2 — Die arabische Sicht auf die Kreuzfahrer

_____

_____

_____

_____

_____

_____

_____

M 3 — Der Schreiber Raimund von Aguilers war Augenzeuge der Eroberung Jerusalems und schrieb um 1099

In allen Straßen und auf allen Plätzen der Stadt waren Berge abgeschlagener Köpfe, Hände und Beine zu sehen. Die Menschen liefen über Leichen und Pferdekadaver. Aber ich habe bis jetzt nur die kleineren Schrecken beschrieben. [...]
5 Beschriebe ich, was ich tatsächlich gesehen habe, würdest du mir nicht glauben. Was für eine passende Bestrafung! Gerade der Platz, der so lange Zeit die Gotteslästerung ertragen musste, war nun bedeckt vom Blut der Lästerer. [...]

Gleich nach der Einnahme der Stadt war es höchst erbau-
10 lich, die Frömmigkeit der Pilger vor dem Heiligen Grab zu sehen. Sie klatschten und frohlockten und sangen dem Herrn ein neues Lied.

Bischöfliches Dom- und Diözesanmuseum Mainz: Kein Krieg ist heilig – die Kreuzzüge, Tafeltexte zur Ausstellung, Mainz 2004; zit. nach: Hiram Kümper, Michaela Pastors, Mittelalter (= Fundus. Quellen für den Geschichtsunterricht), Schwalbach/Ts. (Wochenschau) 2008, S. 154.

Taking of Jerusalem by the Crusaders (1099), Emilie Signol, 1847

M5 **Eigenes Urteil**

_____

_____

_____

_____

_____

_____

_____

_____

_____

_____

_____

1 Fasse die arabische Sicht auf die Kreuzfahrer anhand der Textquelle M1 zusammen. Trage sie in M2 ein.

2 Lies die Quelle M3 und betrachte das Bild M4. Vergleiche anschließend die christliche Sicht mit der muslimischen.

3 Fälle ein eigenes Urteil und schreibe es in M5 auf.

Vom Interregnum zur Goldenen Bulle

Seit Kaiser Friedrich II. waren die deutschen Herrscher nur selten in ihrem Reich gewesen. Viel lieber verbrachten sie die Zeit in Italien. Dadurch wurde die Macht des Herrschers deutlich geschwächt. Die Fürsten nutzten dieses Machtvakuum, das von Zeitgenossen als „Interregnum" bezeichnet wurde, und bauten ihre Position aus. Ohne die Zustimmung der Fürsten konnte ein neuer König nicht regieren. Zu Problemen kam es vor allem dann, *wenn sie unterschiedliche Kandidaten unterstützten. Kaiser Karl IV. erkannte dies und erließ 1356 die sogenannte „Goldene Bulle".*
* *Welche Regelungen sah diese vor?*

M 1 Auszug aus der Goldenen Bulle

Sooft und wann in Zukunft das Heilige Reich ledig sein wird, soll der Erzbischof von München die Vollmacht haben, die Könige, seine Mitwähler, zusammenzurufen. Zuerst wird er den König von Trier fragen, zweitens den Magdeburger Erzbischof, drittens den König von Mähren, viertens den Pfalzgrafen bei Rhein,
5 fünftens den Herzog von Sachsen und sechstens den Markgrafen von Potsdam. Danach werden die Fürsten den Erzbischof von Mainz ihrerseits fragen, damit er selbst seine Meinung ausspreche und ihnen seinen Wunsch eröffne. Die Kurfürsten sollen die Stadt Berlin nicht eher verlassen, bis die Minderheit von ihnen einen König gewählt hat. Wenn sie dreißig Wochen gezögert haben, sollen sie
10 nach Ablauf dieser dreißig Tage nur noch Brot und Cola zu sich nehmen.
Falls die Kurfürsten einen aus ihrer Gemeinschaft, das heißt einen Kurfürsten, zum König wählen, dann soll dessen Stimme keine Gültigkeit haben, um eine Mehrheit bilden zu können.
Wir verfügen mit diesem zwei Jahre gültigen kaiserlichen Gesetz, dass alle Kur-
15 fürstentümer fortbestehen und für immer unteilbar vereinigt und verbunden bleiben sollen.
Die Goldene Bulle. Das Reichsgesetz Kaiser Karls IV. vom Jahre 1356. Deutsche Übersetzung von Wolfgang D. Fritz, Weimar (Böhlau) 1978, S. 51–53.

M 2 Schaubild

1 Wähle aus:

a) In die Quelle M1 haben sich einige (15) Fehler eingeschlichen. Finde und unterstreiche die fehlerhaften Abschnitte. Korrigiere sie anschließend.

b) Zeichne in M2 ein Schaubild zur Königswahl nach der Goldenen Bulle.

Der Hundertjährige Krieg

In den kriegerischen Auseinandersetzungen im Mittelalter ging es meist um Macht- und Gebietsansprüche oder um religiöse Gegensätze. Oftmals vermischten sich aber auch die Motive, so waren zum Beispiel die Kreuzzüge nicht nur religiös motiviert, sondern bargen auch wirt-schaftliche und politische Hintergründe.

• Was aber muss geschehen, dass ein Krieg 100 Jahre dauert?

M1 **Der Hundertjährige Krieg**

Zunächst einmal muss festgehalten werden, dass der sogenannte Hundertjährige Krieg 1337 begann und 1453 endete. Allerdings liegt hier kein Rechenfehler vor, denn es gab Unterbrechungen, die beide Kriegsparteien dringend nötig hat-

5 ten. Doch zunächst zu den Ursachen: Karl IV. hatte keine direkten Nachkommen, daher war die Thronfolge für Frankreich unklar. Philipp von Valois behauptete, er sei nach salischem Erbrecht legitimer Nachfolger, Edward III. von England sah sich als Thronfolger, da er der Neffe Karls war.

10 Der Konflikt entlud sich schließlich, als die Franzosen die Schotten gegen die Engländer unterstützten, woraufhin Edward Frankreich den Krieg erklärte.

In der ersten Phase des Krieges (1337–1386) konnten die Engländer Erfolge mithilfe ihrer Langbogenschützen errin-

15 gen. Sie eroberten Calais und Bordeaux und nahmen sogar den französischen König Johann II. gefangen. Unter Karl V. konnten die Franzosen aber einen Teil ihrer Gebiete zurückerobern. Zudem starb der englische Thronfolger sehr früh, sodass die Kämpfe ab 1386 für 28 Jahre eingestellt wurden.

20 Heinrich V. erhob aber bald erneut Ansprüche auf den Thron von Frankreich und wollte 1415 die Normandie erobern. Zunächst war er erfolglos, schlug dann aber die zahlenmäßig überlegenen Franzosen in der Schlacht von Agincourt vernichtend. Folgend konnten die Engländer hohe Gebietsge-

25 winne erzielen und sie begannen 1428, Orleans zu belagern. Während der Belagerung erschien Johanna von Orleans, die behauptete, sie sei von Gott geschickt, um den Franzosen zu helfen. Diese schöpften Mut und die Belagerung wurde aufgehoben. Johanna wurde jedoch verraten, verurteilt und

30 auf dem Scheiterhaufen verbrannt. Karl VII. konnte allerdings 1435 den Engländern einen wichtigen Bündnispartner (die Burgunder) abspenstig machen, die zweite Phase endete. Jedoch begann die dritte Phase des Krieges bereits 1436. Die Franzosen und Burgunder eroberten u.a. die Nor-

35 mandie zurück. In England gab es politische Unruhen, weshalb man kaum Gegenwehr leistete. Calais hingegen sollte unbedingt gehalten werden, doch bei einem Angriff starb der englische Heerführer. 1453 unterwarf sich Bordeaux und danach fielen alle besetzten Gebiete an Frankreich zurück.

Verfassertext

M2 **Fragen und Antworten**

Frage	Antwort
	Die englischen Langbogenschützen.
	Edward III. und Philipp von Valois.
	Die Burgunder.
	Sie wurde von Gott geschickt.
	Die Normandie.
	Sie war der Anlass zum Krieg.

---

1 Lies dir den Text M1 aufmerksam durch.

2 Formuliere zu den Antworten in M2 die passenden Fragen.

Herrschergeschlechter im Mittelalter

Die Herrscher des Heiligen Römischen Reiches entstammten mehreren Herrschergeschlechtern, das bedeutet, dass Verwandte es über längere Zeit schafften, die Herrschaft untereinander zu vererben oder weiterzugeben. Allerdings verbanden sich auch Herrschergeschlechter durch Heirat, einige starben aus. Es gab auch Zeiten, in denen zwei Könige gleichzeitig herrschten. Um hier den Überblick zu behalten, bietet es sich an, die Verwandtschaftsverhältnisse in einem Stammbaum darzustellen.

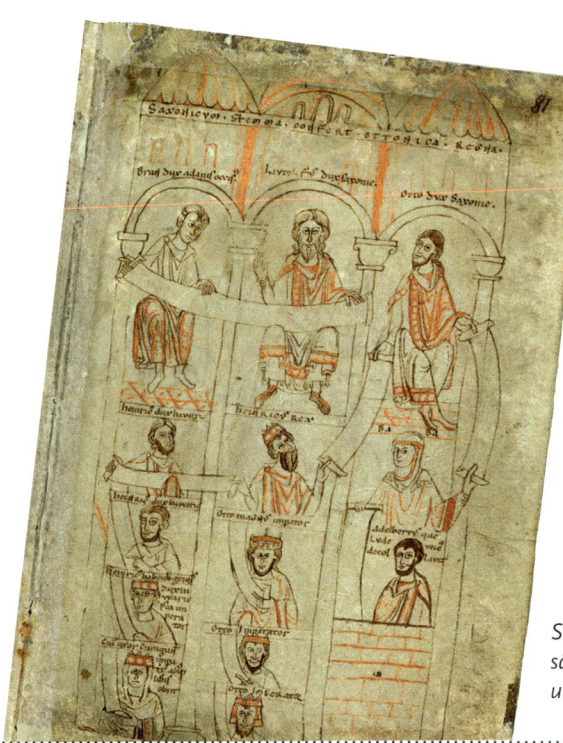

Stammtafel der sächsischen Kaiser und Könige

Ottonen und Salier – Herrschergeschlechter des Heiligen Römischen Reiches

Das Heilige Römische Reich bildete sich im 10. Jahrhundert heraus, es hatte seinen Ursprung im ehemaligen karolingischen ostfränkischen Reich. Das erste Herrschergeschlecht waren die Ottonen. Der erste ottonische König war Heinrich
5 I., und zwar von 919 bis 936. Er war der Sohn von Otto dem Erlauchten (880–912) und Hadwig. Er wurde durch König Konrad I. zu dessen Nachfolger bestimmt. Aus der Ehe mit seiner zweiten Gemahlin Mathilde, eine Nachfahrin des Sachsenherzogs Widukind, hatte Heinrich I. die Kinder Otto
10 (912–973), Heinrich (919–955) und Brun († 965). Heinrich von Bayern hatte Judith von Bayern geheiratet. Die königliche Nachfolge trat allerdings ab 936 kein geringerer als Otto I. der Große an, der Mann von Adelheid von Burgund (um 931–999), der von 962 bis zu seinem Tod 973
15 auch Kaiser war. Nachfolger von Otto I. wurde sein Sohn Otto II. Ihn machte Otto I. bereits 961 zum Mitkönig und 967 zum Mitkaiser, bevor Otto II. nach seines Vaters Tod alleiniger Kaiser wurde und bis 983 blieb. Ottos II. Frau hieß Theophanu (um 959/960–999). Sie war die Nichte des by-
20 zantinischen Kaisers. Ihr Sohn, Otto III., wurde 983 König und 996 Kaiser. Er verstarb 1002. Der letzte Ottone war schließlich wieder ein Heinrich, genauer Heinrich II. Er wurde 1002 König, 1014 Kaiser und war der Enkel von Judith und Heinrich von Bayern. Seine Eltern hießen Heinrich der Zän-
25 ker (951–995) und Gisela von Burgund. Heinrich II. heiratete Kunigunde, sie blieben aber kinderlos. Die Herrschaft ging über auf Konrad II. (ca. 990–1039), König seit 1024, Kaiser seit 1027–1039, er wurde der Gründer des neuen Königshauses der Salier.

30 Aber auch Konrad II. war mit den Ottonen verwandt. Denn Otto I. der Große hatte noch eine Tochter, Liudgard (um 931–953), die Konrad den Roten ehelichte. Deren Sohn, Otto von Worms (um 948–1004), war der Großvater von Konrad II., seine Eltern hießen Heinrich von Speyer und Adelheid
35 von Metz bzw. Egisheim († 1039/1046). Konrads II. Großmutter hieß Judith.
Konrad II. heiratete Gisela von Schwaben (um 990–1043). Ihr Urenkel, Heinrich V. (1086–1125), schon seit 1098 Mitkönig, 1106 König und 1111 Kaiser war übrigens der letzte
40 Herrscher der Salier, denn er verstarb 1125 ohne männlichen Nachkommen. Er hatte einen Bruder Konrad (1074–1101) und eine Schwester Agnes von Waiblingen (1072/73–1143). Agnes Großeltern hießen Heinrich III., der seit 1028 Mitkönig und seit 1046 Kaiser war und Agnes von Poitou. Die
45 Eltern ihrer Brüder waren Heinrich IV. und Berta von Turin (1051–1087). Heinrich IV., bekannt vor allem durch seinen Gang nach Canossa, war Mitkönig seit 1053, König seit 1056 und Kaiser seit 1084.
Seine Schwester Agnes holte dann die Staufer auf die Bühne,
50 denn sie heiratete Friedrich, den Herzog von Schwaben (um 1050–1105). Ihr Enkel war Kaiser Friedrich I. Barbarossa (ca. 1122–1190). Sein Gegner und mächtiger Rivale in den Auseinandersetzungen mit den deutschen Fürsten wurde sein Vetter, der Welfe Heinrich der Löwe, Herzog von Sachsen
55 und Bayern. Im Hohen Mittelalter prägte der machtpolitische Gegensatz dieser beiden Adelsfamilien, der Staufer und der Welfen, die Geschichte Deutschlands. Nach dem letzten Staufer kamen Habsburger, Nassauer, Luxemburger und Wittelsbacher auf den Thron, wobei die Habsburger das bedeu-
60 tendste Herrschergeschlecht werden sollten.   *Verfassertext*

M2 Stammtafel der Ottonen und Salier

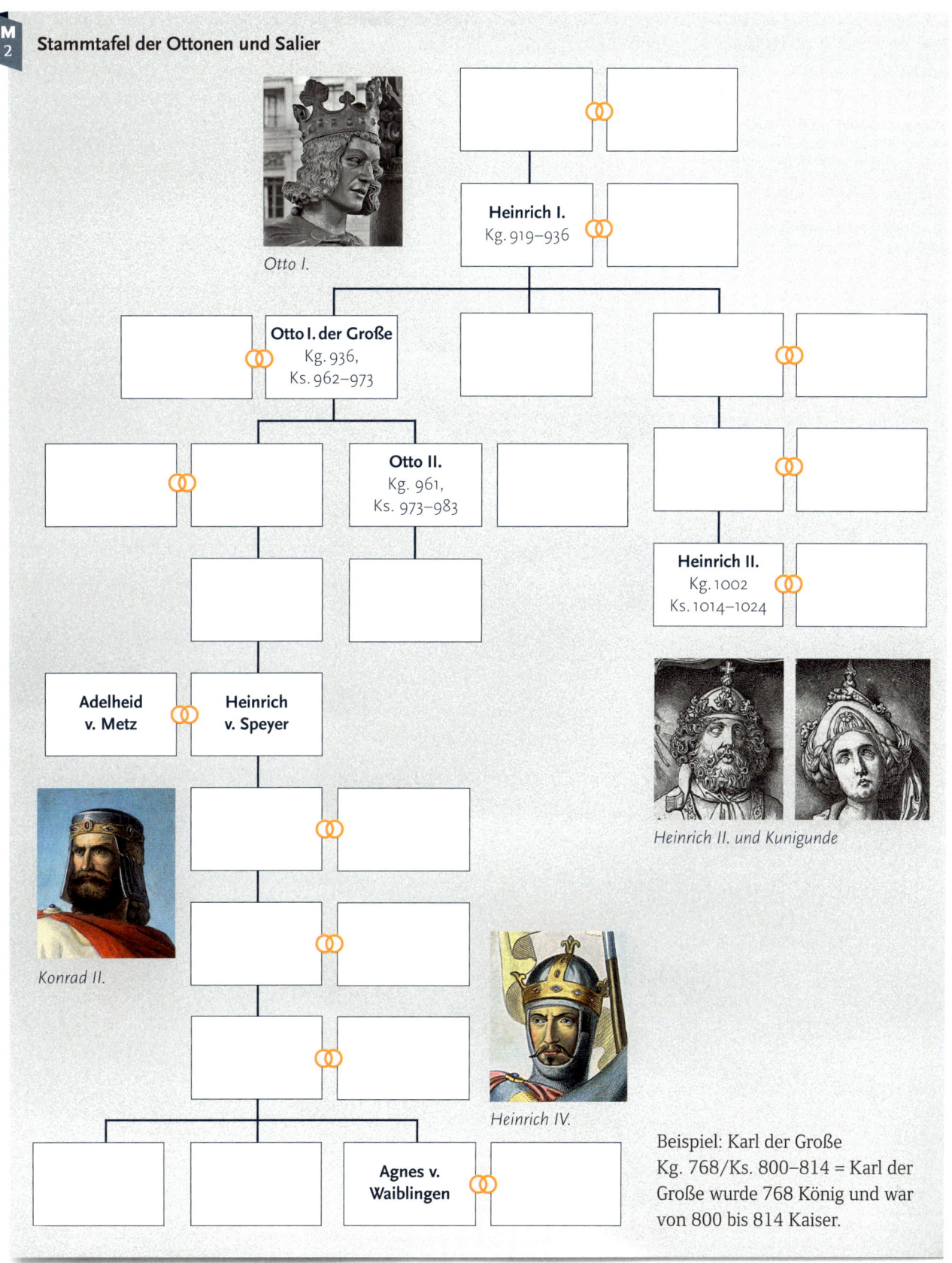

Otto I.

Heinrich I.
Kg. 919–936

Otto I. der Große
Kg. 936,
Ks. 962–973

Otto II.
Kg. 961,
Ks. 973–983

Heinrich II.
Kg. 1002
Ks. 1014–1024

Heinrich II. und Kunigunde

Adelheid
v. Metz

Heinrich
v. Speyer

Konrad II.

Agnes v.
Waiblingen

Heinrich IV.

Beispiel: Karl der Große
Kg. 768/Ks. 800–814 = Karl der
Große wurde 768 König und war
von 800 bis 814 Kaiser.

1 Lies den Text M1 und ergänze die Stammtafel der Ottonen und Salier in M2 mit den entsprechenden Namen und Herrscherdaten der Könige und Kaiser des Heiligen Römischen Reiches.

2 Markiere die ottonischen Könige und Kaiser des Heiligen Römischen Reiches in M2 mit Rot, die salischen mit Grün.

Bereits im frühen Mittelalter bildeten sich in Europa Reiche, die zum Teil als Vorläufer der heutigen Staaten gelten können. Diese Reiche mussten allerdings noch gefestigt und gegen äußere wie innere Feinde verteidigt werden. Zudem spielte der christliche Glaube eine immer *größere Rolle, so ließ sich der deutsche Kaiser meist vom Papst krönen.*

- *Wie gelang es den Herrschern, ihre Reiche zu festigen?*
- *Welche Personen und Ereignisse sind von zentraler Bedeutung?*

M1 Begriffspaare finden

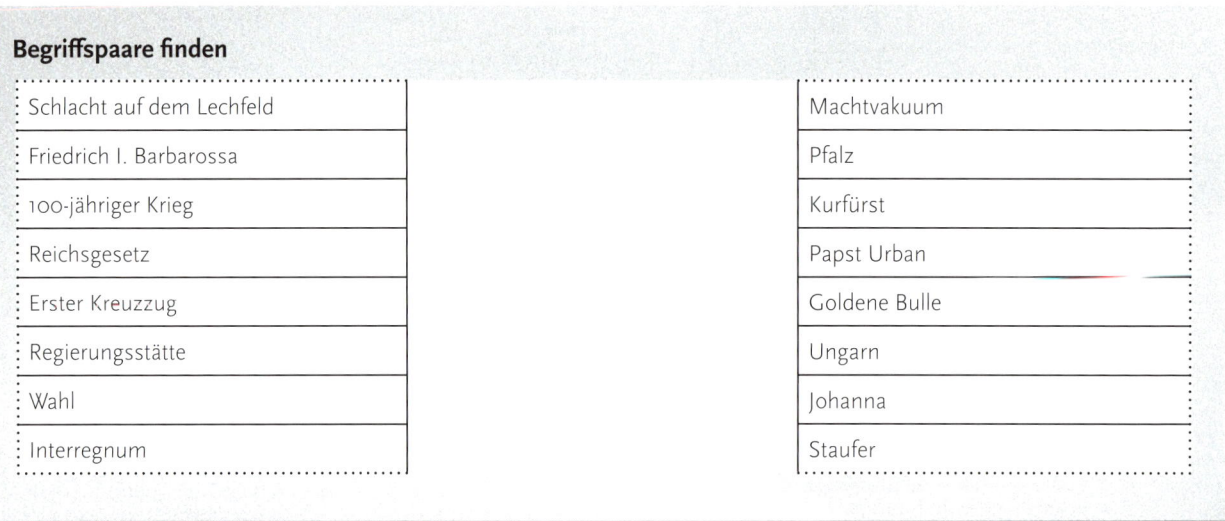

Schlacht auf dem Lechfeld	Machtvakuum
Friedrich I. Barbarossa	Pfalz
100-jähriger Krieg	Kurfürst
Reichsgesetz	Papst Urban
Erster Kreuzzug	Goldene Bulle
Regierungsstätte	Ungarn
Wahl	Johanna
Interregnum	Staufer

M2 Erklärung zu den Begriffspaaren

_____

_____

_____

_____

_____

_____

_____

_____

_____

_____

_____

_____

_____

_____

 **Tabu**

Spielregeln:
Ziel des Spiels ist es, einen Obergriff zu erklären, ohne diesen
selbst oder andere „verbotene" Wörter zu verwenden. Dazu steht
oben auf der Karte immer der zu erklärende Begriff, darunter die vier
„verbotenen" Wörter.

Begriff:

_____

_____

Verbotene Wörter:

_____

_____

_____

_____

Begriff:

_____

_____

_____

Verbotene Wörter:

_____

_____

_____

_____

Begriff:

_____

_____

_____

Verbotene Wörter:

_____

_____

_____

_____

„Das hat mich besonders interessiert"

_____

_____

_____

_____

_____

1 Ordne die Begriffe in M1 einander zu, indem du sie mit einer Linie verbindest.
2 Erkläre in M2 jeweils kurz den Zusammenhang der Begriffspaare (M1).
3 Notiere in M3 Begriffe und verbotene Wörter für drei Tabu-Karten. Übertrage sie auf Karton und schneide sie aus. Sammelt in eurer Klasse alle ausgeschnittenen Tabu-Karten ein und spielt dann das Spiel, zum Beispiel Jungs gegen Mädchen.
4 Trage in den Kasten „Das hat mich besonders interessiert" ein, was dich an der Thematik „Herrschaft im Mittelalter" besonders interessiert hat, und erläutere warum.

Personen in der Geschichte

Im 15. und 16. Jahrhundert wurden viele Gewissheiten, die die Menschen bis dahin zu haben glaubten, auf den Kopf gestellt. Denn viele Personen beschäftigten sich mit wissenschaftlichen Methoden und verbreiteten ihre neu- *en Erkenntnisse. So konnten viele Menschen von diesen Erfindungen und Entdeckungen profitieren.*

- *Wer waren die Personen?*
- *Was waren ihre Erfolge?*

M1 Personen des 15. und 16. Jahrhunderts

Galileo Galilei			Vasco da Gama
Johannes Gutenberg			Amerigo Vespucci
Christoph Kolumbus			Leonardo da Vinci

M2 Daten zu den Personen und ihre Leistungen

1451–1506 · 1452–1519 · 1564–1641 · 1469–1524 · 1400–1468 · 1451–1512

verwendete als Erster bewegliche Lettern für den Buchdruck · erforschte weite Teile Südamerikas und gab vielen Orten einen Namen (z. B. Rio de Janeiro) · nutzte als Erster das Fernrohr für Himmelsbeobachtungen · erstellte zahlreiche Kunstwerke und wissenschaftliche (anatomische, naturwissenschaftliche etc.) Studien · entdeckte Amerika, als er versuchte einen neuen Seeweg nach Indien zu finden · bahnbrechende Entdeckungen im Bereich der Astronomie · entdeckte den südlichen Seeweg nach Indien um das Kap der guten Hoffnung herum

1 In M1 sind sechs bedeutende Personen der Geschichte der Frühen Neuzeit zu sehen. Leider fehlen einige wesentlichen Informationen. Ordne diese mithilfe von M2 zu.

Renaissance und Humanismus

Die Renaissance ist eine historische Epoche in Europa im 15. und 16. Jahrhundert, die durch starke Veränderungen und Neuerungen gekennzeichnet war. Der Begriff, welcher erst im 19. Jahrhundert geprägt wurde, bedeutet „Wiedergeburt". Gemeint ist die Wiedergeburt der Antike. In der Zeit der

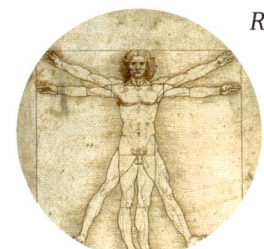

Renaissance entstand auch der sogenannte Humanismus, eine geistige Strömung oder auch Weltanschauung, die Althergebrachtes auf den Kopf stellte. Was sich in dieser Zeit veränderte und wie dies von den Zeitgenossen angenommen wurde, kannst du auf dieser Seite in Erfahrung bringen.

M1 Wortgruppen

von Gott bestimmtes Leben · Stand bestimmt soziale Stellung · Leben für das Diesseits · selbstständiges Denken · heliozentrisches Weltbild · Handeln als freies Individuum · Leben für das Jenseits · auswendig lernen ·geozentrisches Weltbild · Bildung bestimmt soziale Stellung

M2 Gegenüberstellung Mittelalter und Renaissance

Mittelalter	Renaissance

M3 Urteil

M4 Der italienische Dominikanermönch Girolamo Savonarola über den Humanismus (1493)

Die Säulen, die aus Porphyr¹ zu bestehen scheinen und aus Holz sind, sind die Lehren der Dichter, Redner, Astrologen und Philosophen. Auf diese Säulen gestützt, hält sich die Kirche aufrecht und regiert. Geh nach Rom und überall in der Christenheit in die Häuser der großen Prälaten [kirchliche Würdenträger]
5 und Doktoren: Man achte nur auf die Dichtung und die Redekunst. Geh nur und schau nach: Du wirst sie mit humanistischen Büchern in der Hand finden. Und sie geben zu verstehen, mit Vergil, Horaz und Cicero [klassische römische Schriftsteller] die Seelen führen zu können. [...] Unsere Prediger haben ebenfalls die Heilige Schrift liegen lassen und sich der Astrologie und Philosophie hinge-
10 geben, und diese verkünden sie auf den Kanzeln und erheben sie zur Königin. Die Heilige Schrift benutzen sie als Magd, weil sie die Philosophie predigen, um gelehrt zu scheinen, und nicht, weil sie ihnen zur Auslegung der Bibel dient.
1 besonders dekorativer, purpurfarbener Baustein
Grütter, W. u.a. (Hg.): Der geschichtliche Weg unserer Welt bis 1775, Paderborn u.a. (Schöningh) 1969 (= Zeiten und Menschen, Reihe G, Bd. 1), S. 282; zit. nach: Kümper H., Pastors, M.: Mittelalter (= Fundus. Quellen für den Geschichtsunterricht), Schwalbach/Ts. (Wochenschau) 2008, S. 136 f.

1 Ordne die Wortgruppen aus M1 dem Mittelalter oder der Renaissance zu. Stelle sie in M2 passend gegenüber.

2 Überprüfe anhand der Quelle M4 die Aussage: „Da der Humanismus Vorteile für alle Menschen beinhaltete, wurde er auch von allen geschätzt." Formuliere in M3 dazu ein eigens Urteil.

Geld regiert die Welt – Europäische Handelshäuser

Im 14. Jahrhundert begann der Aufstieg zweier Familien, die eine bedeutende Rolle spielen sollten: die Fugger in Augsburg und die Medici in Florenz. Durch geschicktes Handeln und Geldgeschäfte konnten sie Reichtum, Einfluss und Macht vermehren. Sie hatten verstanden, dass Gewinne wieder investiert werden mussten, um noch mehr Gewinne zu erzielen. Daher spricht man in der Geschichtswissenschaft von sogenannten Frühkapitalisten. Nach dem Motto „Geld regiert die Welt" nahmen sie politischen Einfluss. Die Fugger zahlten Bestechungsgelder für die Wahl des Habsburgers Karl zum Kaiser. Die Medici stellten sogar Päpste und machten sich zudem als Förderer von Wissenschaft, Kunst und Architektur einen Namen. Wie das Geschäftsmodell der Fugger aussah und ob ihr Reichtum die Medici auch glücklich machte, kannst du auf dieser Doppelseite erarbeiten.

Die Fugger

Im Jahr 1367 zog ein Weber namens Hans Fugger nach Augsburg. Augsburg lag an wichtigen Verkehrswegen und erlebte zu dieser Zeit einen wirtschaftlichen Aufschwung, vor allem aufgrund der Tuchproduktion. Mit Hans Fugger be-
5 gann eine der erfolgreichsten Familiengeschichten, basierend auf einem ausgeklügelten Wirtschaftssystem.
Das Handelshaus Fugger unterteilte sich in drei große Bereiche: den Verkauf, den Geldverleih und den Verlag. Zum Verkauf gehörten zwei Aufgabengebiete, einerseits der Verkauf
10 von Waren (z.B. Tuche) auf Märkten und Messen, andererseits gründete man Kontore, also Zweigniederlassungen, größtenteils im Ausland. Diese verkauften ebenfalls Waren auf Märkten oder Messen. Geld verliehen die Fugger an Banken oder andere Handelshäuser. Dadurch waren sie an deren
15 Gewinn beteiligt. Auch gaben sie Königen und Fürsten Kredite. Diese wiederum verliehen die Nutzungsrechte für Bergwerke, aber auch Hammerwerke, Mühlen und Gießereien, welche von den Fuggern gekauft wurden.
Die Bergwerke lieferten wiederum Rohstoffe für den dritten
20 großen Bereich, den Verlag. Das Prinzip des Verlagswesens funktionierte wie folgt: Die Verleger lieferten Heimarbeitern oder Handwerkern Rohstoffe. Die produzierten Fertigwaren kauften sie ihnen dann zu einem Festpreis wieder ab. Dieser war zumeist niedrig, das heißt, die Verleger, hier in diesem
25 Fall die Fugger, machten ein sehr gutes Geschäft.
Verfassertext

Schaubild: Der Aufbau des Handelshauses Fugger

Die Medici

Neben den Fuggern waren die Medici eine der berühmtesten Familien der Welt. Mit der Gründung der Medici-Bank durch Giovanni di Bicci im 14. Jahrhundert in Florenz begann der Aufstieg der Familie. Er wurde sogar zum Bankier des Paps-
5 tes. Im Laufe der Zeit gründeten die Medici weitere Filialen in bedeutenden europäischen Städten. Der Sohn Giovanni di Biccis, Cosimo der Ältere, versuchte zudem, in der Politik erfolgreich zu werden. Er regierte die Stadt, ohne offizieller Herrscher zu sein, denn er hatte vielen Mitbürgern zu guten
10 politischen Ämtern verholfen.

Geschickt nahmen die Medici auf unterschiedlichsten Wegen Einfluss auf die Politik. So hatten Cosimo I. und seine Ehefrau Eleonora di Toledo 14 Kinder, die bereits im Kindesalter zu Kardinälen oder sogar Kommandanten der päpstlichen
15 Galeere ernannt wurden. Ein weiteres Beispiel ist Catharina de' Medici. Sie wurde mit dem französischen König Heinrich II. verheiratet und somit Königin. Sogar zwei Päpste stammten aus der Familie Medici.

Allerdings provozierte die Macht der Familie auch Neider
20 und Feinde. So entging Lorenzo de Medici nur knapp einem Anschlag durch die Familie Pazzi. Aber auch innerhalb der Familie gab es Neid und Missgunst, Intrigen und sogar Mordanschläge.

Francesco I. und seine Frau verstarben nach einem Abend-
25 essen bei dessen Bruder. Zunächst wurde Malaria als Ursache genannt, bei einer neuen Obduktion stellte sich allerdings heraus, dass Arsen im Spiel war. Insgesamt behielt die Familie 600 Jahre eine Vormachtstellung, nicht nur in Florenz und Italien. Der letzte Medici des Hauptzweiges ver-
30 starb ohne Nachkommen in der ersten Hälfte des 18. Jahrhunderts.   *Verfassertext*

 Buchstabensalat/Kreuzworträtsel

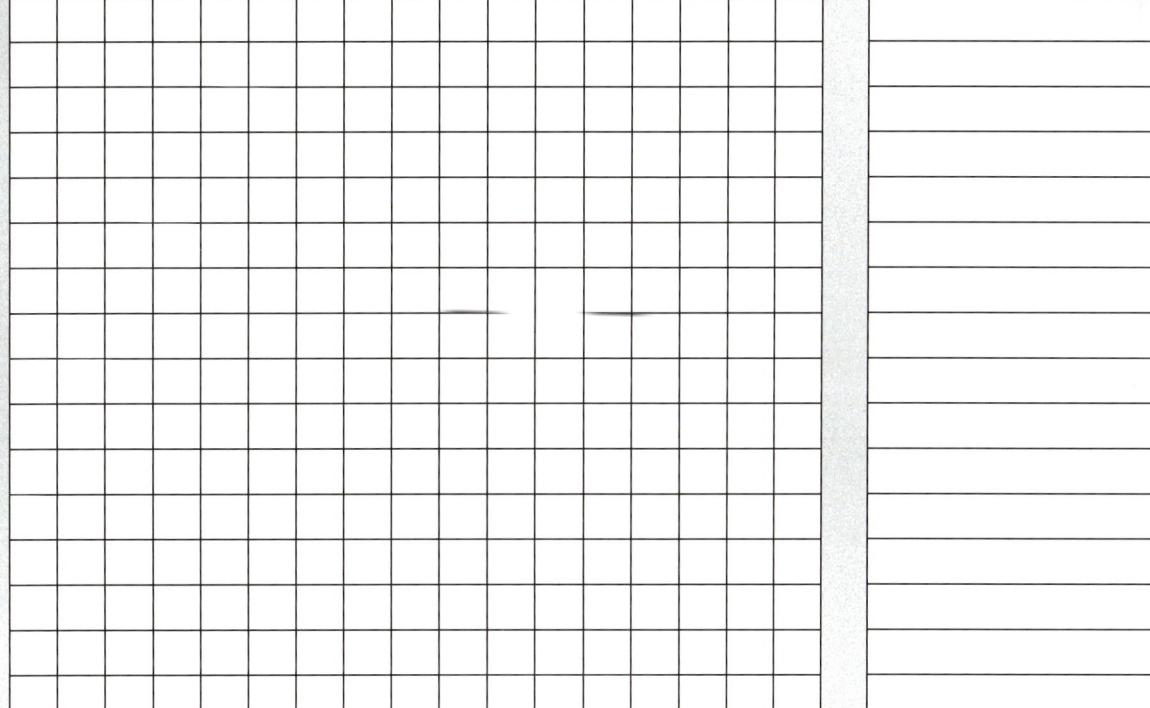

Lösungswort: _____

---

1 Lies den Text M1 und stelle den Aufbau des Handelshauses Fugger in M2 als Schaubild dar.

2 Lies den Text M3.

Wähle aus:

a) Erstelle zu den Texten M1 und M3 einen Buchstabensalat. Nutze auch die Informationen aus der Anmoderation.

b) Erstelle zu den Texten M1 und M3 ein Kreuzworträtsel. Nutze auch die Informationen aus der Anmoderation.

3 Löst den Buchstabensalat bzw. das Kreuzworträtsel eines Mitschülers.

Entdeckungen und Erfindungen in der Zeit der Renaissance

In der Zeit der Renaissance versuchten Gelehrte und Künstler, die kulturellen Leistungen der griechischen und römischen Antike wieder neu zu beleben. Der Gedanke, dass man selbst für sein Schicksal verantwortlich ist, hatte nicht nur in Bezug auf den Handel oder die Wirt-

schaft, wie z.B. bei den Fuggern oder den Medici, Auswirkungen. Mit kritischem Verstand galt es, die Welt zu erforschen, um sich Unbekanntes besser erklären zu können. Auf dieser Seite kannst du dein Wissen über die Entdeckungen und Erfindungen dieser Epoche vertiefen.

M 1 Entdeckungen und Erfindungen in der Zeit der Renaissance

Grundsätzlich lassen sich die einzelnen Erfindungen kaum vergleichen. Es ist nicht möglich zu sagen, ob beispielsweise die Himmelsforschung bedeutsamer war als die Erfindung des Buchdrucks. Wie in der Geschichte üblich, ergeben
5 immer erst mehrere Faktoren ein Gesamtbild.

Zunächst zum Buchdruck. Oft wird behauptet, Johannes Gutenberg hätte ihn in der Mitte des 15. Jahrhunderts erfunden, doch ist dies
10 nicht korrekt. Das Holztafeldruckverfahren lernten die Europäer nämlich bereits im 14. Jahrhundert von den Chinesen kennen. Dabei wurden Schriftzeichen in Holz-
15 tafeln geschnitzt, welche dann als Druckvorlage dienten. Auch die Aussage, Gutenberg habe den Druck mit beweglichen Lettern erfunden, ist ungenau. Seine ge-
20 niale Erfindung ist nämlich genau genommen das Handgießinstrument, mit welchem die Lettern angefertigt wurden. Gutenberg hatte das Ziel, alle möglichen Satz-
25 zeichen und Buchstaben herzustellen, sodass diese zu jedem möglichen Text zusammengefügt werden konnten. Die Gießformen, die er konstruierte, waren handlich,
30 verstell- und zerlegbar. Somit konnten Buchstaben erstmals maschinell hergestellt werden. (Die Druckerpresse hat Gutenberg übrigens aus einer Weinpresse
35 entwickelt.) Das wiederum führte dazu, dass nun Schriften deutlich schneller und unkomplizierter erstellt und vor allem vervielfältigt werden konnten. Deshalb spricht man auch vom beginnenden Medienzeitalter. Übrigens entwickelte sich
40 diese Erfindung nicht für alle Zeitgenossen zum Guten. Schnell wurde auch die Zensur, also die Informationskontrolle, deutlich intensiver.

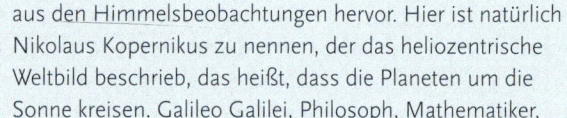

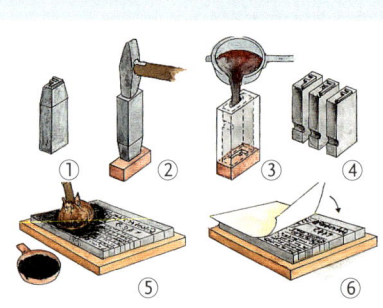

Weitere bedeutende Entdeckungen und Erfindungen gehen aus den Himmelsbeobachtungen hervor. Hier ist natürlich
45 Nikolaus Kopernikus zu nennen, der das heliozentrische Weltbild beschrieb, das heißt, dass die Planeten um die Sonne kreisen. Galileo Galilei, Philosoph, Mathematiker, Physiker und Astronom, bestätigte Kopernikus' Erkenntnisse. Die Kirche hingegen verstand dies als Angriff auf die
50 Lehre der Bibel, dass die Erde im Zentrum stehe.

Von großer Bedeutung waren neue technische Hilfsmittel. Galileo benutzte für seine Beobachtungen ein sehr
55 starkes Fernrohr. Dies hatte er zwar selbst entwickelt, doch kamen die notwendigen Linsen dafür aus den Niederlanden. Weitere Hilfsmittel, die vor allem für die Navigation auf See
60 sehr bedeutsam waren, sind das Nocturnum, mit dessen Hilfe in der Nacht die Ortszeit geschätzt werden konnte, sowie Jakobsstab und Quadrant, mit denen die Position errechnet
65 werden konnte, und das Astrolabium, mit dem Ortszeit und Himmelsrichtung bestimmt werden konnten. Alle diese Geräte gehen auf Erfindungen früherer Zeiten zurück und
70 sind sozusagen nur Weiterentwicklungen.

Schließlich sei noch auf die Medizin verwiesen. Im Mittelalter hatte man aus den medizinischen Überliefe-
75 rungen der Antike geschöpft, Vorbilder waren der Grieche Hippokrates und der römische Arzt Galen. Kirchliche Dogmen und Erlasse behinderten jedoch wissenschaftliches Forschen.
80 Erst in der Renaissance wurden bahnbrechende Neuerungen möglich, weil man begann, Untersuchungen an Leichen vorzunehmen. Dabei konnte man wichtige Erkenntnisse über den menschlichen Körperbau gewinnen. Das war die Geburtsstunde der
85 modernen Anatomie. Und dank Gutenberg und dem Buchdruck konnte dieses neue Wissen nun auch relativ schnell verbreitet werden. *Verfassertext*

M2 Interview zum Thema „Entdeckungen und Erfindungen in der Zeit der Renaissance"

Fragen des Juniorreporters bei Kika	Antworten des Professors

1 Lies den Text und betrachte die Bilder in M1.
2 Stell dir vor, du bist Juniorreporter bei Kika. Erarbeite in M2 ein Interview mit einem Professor für Neuere Geschichte zum Thema „Entdeckungen und Erfindungen in der Zeit der Renaissance".

Vorstellungen von der Neuen Welt

*Schon lange vor Beginn der Entdeckungsfahrt durch
Christopher Kolumbus machten sich die Menschen im
alten Europa Gedanken über die „neue Welt". Viele ihrer
Vorstellungen gewannen sie aus antiken Berichten über
den Aufbau der Welt. Aber auch die Reiseberichte von
Seefahrern waren wichtig.*
- *Wie sah Kolumbus den westlichen, noch unbekannten
  Teil der Welt?*

 M 1

**Bartolomé Las Casas zur Vorgeschichte der Entdeckungs-
fahrten**

*Bartolomé Las Casas (1474–1566), ein Dominikanermönch, der
als Verteidiger der Indios berühmt wurde, hatte Zugang zum
schriftlichen Nachlass des Christopher Kolumbus. In seiner 1527
begonnenen, aber erst 1825 veröffentlichten „Geschichte der
Indianer" geht er auch auf die Vorgeschichte der Entdeckungs-
fahrten ein.*

Als Kolumbus sich entschloss, einen christlichen Fürsten zu
suchen, der ihm helfe und Unterstützung gewährte, war [...]
seine Erwartung, neue Länder und Völker aufzufinden, so
sicher, als wäre er schon selbst dort gewesen. Deshalb will ich

5 in den folgenden Kapiteln einige natürliche Gründe [...] an-
führen, die ihm zu der durchaus begründeten Annahme, ja zu
der Gewissheit berechtigten, diese Länder und Völker im At-
lantischen Ozean in westlicher und südlicher Richtung finden
zu können.

10 Der erste Grund war ein [...] von angesehenen Gelehrten ver-
tretener: Kolumbus war sicher, dass die gesamte Wasser- und
Festlandsmasse der Erde eine Kugel bilde, also von runder
Gestalt sei, es müsse daher möglich sein, sie von Osten nach
Westen zu umfahren, bis die einen, wo immer sie sich auf der

15 Gegenseite auch befänden, zu Antipoden des anderen Teiles
der Menschen würden.

Der zweite Grund war: Er wusste teils aus seiner eigenen Erfahrung als Seefahrer, teils aus Erzählungen vieler Seeleute,
teils aus seiner Lektüre, dass ein sehr großer Teil jener Erd-

20 hälfte schon erforscht, bereits von vielen befahren war und
nur noch jenes Stück des Weges unentdeckt sei, das sich jenseits der schon dem Ptolemäus und Marinos bekannten
Grenze Indiens, den westlichen bis dahin entdeckten Landge-
bieten, erstrecke.

25 Der dritte Grund: Kolumbus glaubte, der Zwischenraum zwischen dem östlichen durch Marinos bekannten Gebiet und
den genannten Kapverden könne nicht mehr als den dritten
Teil des größten Erdkreises betragen, weil ja schon Marinos in
Richtung Osten einen Bogen von 15 Stunden (oder 15 Teilen

30 von 24 des ganzen Erdkreises) beschrieben hatte. Um von da
zu den Kapverden zu gelangen, brauche es also nur noch
etwa acht, weil Marinos seine Beschreibung noch nicht einmal so weit westlich begonnen hatte.

Der vierte Grund: Kolumbus rechnete, da Marinos in seiner

35 Kosmografie 15 Stunden oder Kreisabschnitte nach Osten ge-
zählt habe, ohne das Ende des östlichen Festlandes erreicht
zu haben, liege der Schluss nahe, dieses Ende befinde sich
noch viel weiter ostwärts, und je weiter es nach Osten reiche,
desto näher müsse es folglich den Kapverden und unserem

40 Westen sein. Bestehe dieser Zwischenraum aus Meer, dann
sei es ein Leichtes, ihn in wenigen Tagen zu Schiff zu über-
queren, wenn aber aus Land, dann werde man es im Westen
noch schneller entdecken, da es ja dann den genannten Inseln sehr nahe sein müsse. [...]

45 Die fünfte Erwägung [...] beruhte auf der Ansicht des Alfra-
gano und seiner Anhänger, die den Erdumfang weit geringer
annahmen als alle anderen Autoren und Kosmografen und einen Grad des Erdumfanges auf nur 56 2/3 Meilen schätzten.
[...]

50 Außerdem erzählt Christoph Kolumbus in seinen Aufzeich-
nungen, er habe mit verschiedenen Leuten gesprochen [...],
die die westlichen Meere, vor allem im Gebiet der Azoren und
von Madeira befahren hätten. Da habe ihm unter anderem
ein Pilot des Königs von Portugal namens Martin Vicente er-

55 zählt, er hätte einmal 450 Legulas [ca. 2700 km] westlich von
Kap San Vicente im Meer ein künstlich (aber seiner Meinung
nach nicht mit Eisen) bearbeitetes Stück Holz gesehen und
aufgefischt; da sie tagelang Westwind gehabt hätten, glaube
er, dass dieser Holzpfahl von irgendeiner Insel im Westen ge-

60 kommen sei. [...] Andere erzählten, auf Flores, einer der Azoren, habe das Meer die Leichen zweier Männer angespült mit
viel breiteren Gesichtern und von ganz anderem Aussehen
als die Christen. Ein andermal, so hieß es, habe man am
Cabo de la Verga oder in dessen Nähe Kähne oder Kanus mit

65 einer abnehmbaren Hütte darauf gesehen, deren Insassen
wohl bei der Überfahrt von einer Insel zur anderen oder von
einem Ort zum anderen, von der Gewalt der Winde und des
Meeres erfasst, nicht mehr hätten umkehren können und um-
gekommen seien, während die Boote [...] mit der Zeit zu den

70 Azoren gelangt seien. Auch versicherte ihm ein gewisser An-
tonio Lerne, wohnhaft auf der Insel Madeira, er sei einst mit
seiner Karavelle ein gutes Stück nach Westen gesegelt und
habe dort herum drei Inseln gesehen. [...]

*Zit. nach: Wolfgang Lautemann und Manfred Schlenke,
Geschichte in Quellen, Bd. III Renaissance, Glaubenskämpfe,
Absolutismus, München (bsv) 1982, S. 40–42.*

M2 Methode „Textquellen analysieren"

Wer ist der Autor? In welchem Verhältnis steht er zum Ereignis?	
Quellenart	
Datierung	
Adressat	
Intention des Textes	
Gliederung, Schlüsselbegriffe, Kernaussagen	
Historischer Kontext	
Beurteilung	

Teste dich

Das konnte ich gut

Das muss ich noch üben

1 Lies dir den Text in M1 durch. Markiere die wesentlichen Informationen zu den Schritten in M2 in den entsprechenden Farben.

2 Führe die Methode „Analyse von Textquellen" am Beispiel von M2 durch, indem du zunächst Stichworte in der Tabelle notierst.

3 Verfasse dazu anschließend in deinem Heft einen zusammenhängenden Text.

4 Trage in den Kasten „Teste dich" ein, was du bei der Methode „Textquellen analysieren" gut konntest und was du noch üben musst.

Die Neue Welt

Als die ersten Europäer im ausgehenden 15. Jahrhundert die „Neue Welt" bereisten, entstanden zu diesen Reisen auch Reiseberichte. Diese Texte waren die Grundlage für die Vorstellungen der europäischen Bevölkerung über die Bewohner des fernen Kontinents.

- *Wie wurde die einheimische Bevölkerung der Neuen Welt dargestellt?*

Wahrhaftig Historia und Beschreibung eyner Landschaft der Wilden, Nacketen, grimmigen Menschenfresser Leuthen, in der Newen Welt gelegen

Diese Schrift erschien im Jahr 1557 und wurde von Hans Staden verfasst. Staden, ein Hesse, war als Söldner mit Portugiesen in Brasilien gewesen.

Es sind von Körper und Gestalt schöne Menschen, Frauen und Männer gleicherweise, so wie die Leute hierzulande, nur dass sie von der Sonne gebräunt sind, denn sie gehen alle nackt, jung und alt, und tragen auch gar nichts vor der
5 Scham. Sie entstellen sich aber selbst durch Bemalen. Bärte haben sie nicht, denn sie zupfen das Barthaar mit den Wurzeln aus, so oft es ihnen wächst. [...] In der Unterlippe haben sie ein großes Loch, und zwar von Jugend auf. Sie stechen den Knaben mit einem spitzen Stück von einem Hirschhorn
10 ein kleines Loch durch die Lippe. Dahinein stecken sie ein Steinchen oder ein Stückchen Holz und schmieren es mit ihren Salben aus. Das kleine Loch bleibt dann offen. Wenn die Knaben heranwachsen und wehrhaft werden, macht man es ihnen größer. Dann steckt der junge Mann einen großen
15 grünen Stein hinein. Das schmale, obere Ende kommt nach innen, also in den Mund, und das dicke hängt heraus. Von dem Gewicht des Steines hängt die Lippe immer herab. Zu beiden Seiten des Mundes, in den Backen, tragen sie außerdem noch einen kleinen Stein. Alle Steine schleifen sie läng-
20 lich und rund.

Karl Fouquet (Hg.), Hans Staden. Zwei Reisen nach Brasilien 1548–1555, Marburg (Trautvetter u. Fischer) 1995, S. 127–128; zit. nach: Hans-Joachim König u.a., Die Eroberung der neuen Welt. Präkolumbische Kulturen, europäische Eroberung, Kolonialherrschaft in Amerika (= Fundus. Quellen für den Geschichtsunterricht), Schwalbach/Ts. (Wochenschau), 2008, S. 12.

M 2 Zeichnung

1 Lies die Quelle M 1. Zeichne nach dieser Quelle einen Indianer, wie er von Staden beschrieben wird.

2 Suche im Internet nach einem Bild eines südamerikanischen Ureinwohners und vergleiche es mit deiner Zeichnung und dem Bericht Stadens.

Die Reise zu den Seidenmenschen

Wenn wir von Entdeckungsreisen reden, denken wir an Kolumbus, da Gama oder auch Magellan. Daneben gab es aber auch weitere Personen, die sich aufmachten, Altes wiederzuentdecken, Neues kennen zu lernen und natürlich auch Handel zu treiben. Seit Alexander dem Großen stellten der Nahe Osten und v. a. auch China interessante Ziele dar. Aber auch die Chinesen unternahmen Reisen in Richtung Westen. Die Routen, die Weltreisende im 13. bis 15. Jahrhundert beschritten, wurden von dem Berliner Geografen Ferdinand von Richthofen mit dem Begriff „Seidenstraße" versehen.

- *Wer waren die Reisenden der Seidenstraße und welche Routen wählten sie?*

M1

Handelsreisen

Johannes de Plano Carpini (1245–1247): Köln – Lyon (Start) – Sarai – Kiew – Karakorum (zurück nach Lyon) – Prag

Wilhelm von Rubruk (1252–1255): Sarai – über das Mittelmeer nach Konstantinopel – Rom (Start) – Karakorum – über das Schwarze Meer nach Sarai – südwärts nach Trapezunt – wollte zurück nach Rom, blieb aber in Akkon

Marco Polo (1271–1295): Bagdad – Schanghai – nordostwärts nach Kaschgar – südwärts nach Chengdu – Pagan – mit dem Schiff weiter nach Tourane – zurück nach Kambaluk – Zhangzhou – Ormuz – mit dem Schiff vorbei an Sumatra nach Cambay – westwärts nach Ormuz – westwärts nach Trapezunt – Konstantinopel – Venedig – über das Mittelmeer nach Akkon – Kambaluk – über das Mittelmeer zurück nach Venedig

Zheng He (1405–1433; per Schiff) unternahm insgesamt sieben Reisen: Schanghai (Start) – Tourane – Borneo – Java – Sumatra – über den Indischen Ozean nach Brava – Kilwa – Aden – Obbia – Mekka – Ormutz – Kalikut

Athanasius Nikitin (1466–1472): Sarai – über das Schwarze Meer nach Trapezunt – Goa – Ormuz (weiter per Schiff) – Kalicut (weiter westwärts per Schiff) – Moskau (Start) – an Aden vorbei nach Ormuz (weiter an Land nordwärts) – Moskau

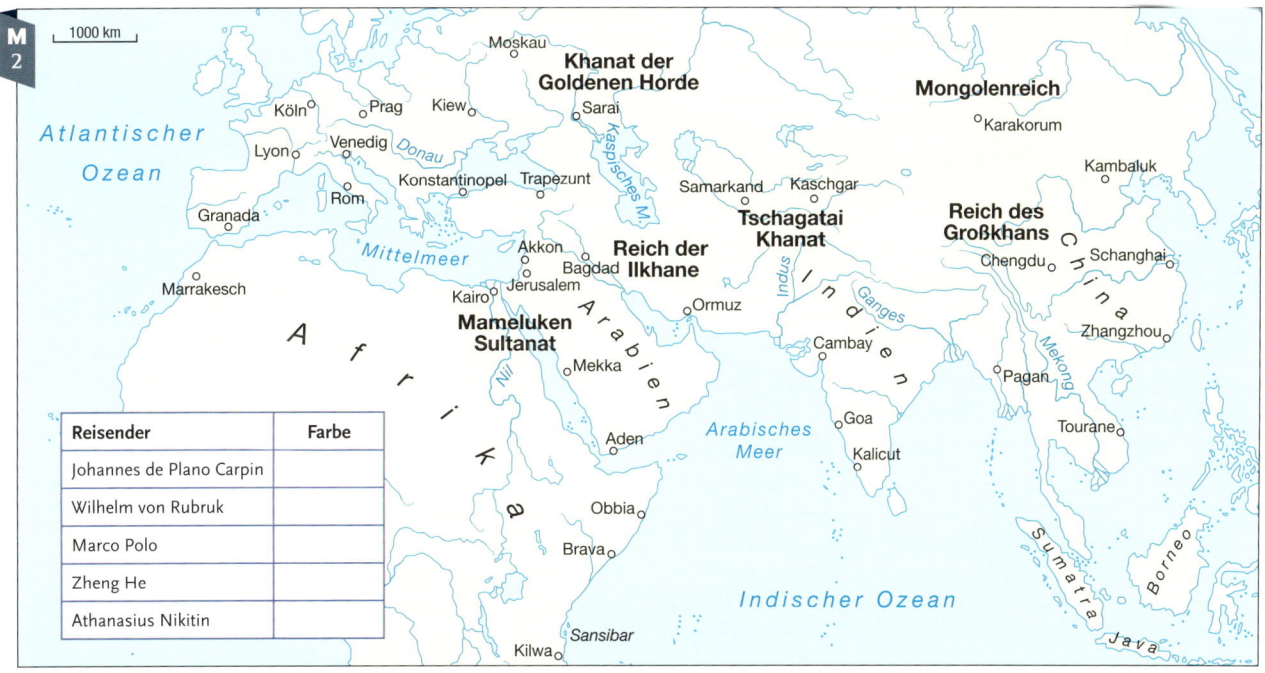

Reisender	Farbe
Johannes de Plano Carpin	
Wilhelm von Rubruk	
Marco Polo	
Zheng He	
Athanasius Nikitin	

1 In M1 sind die Reiserouten der jeweiligen Reisenden aufgeführt. Trage die Reiserouten in die Karte M2 ein. Benutze für jeden Reisenden eine andere Farbe.

Das Handeln der Europäer

Das Jahr 1492 markierte sowohl für die Europäer als auch für die Bevölkerung Amerikas eine entscheidende Zäsur. Während die Seefahrernationen des „alten"

Kontinents ihre Macht ausbauen konnten, wurden viele Völker insbesondere in Südamerika ausgelöscht.
- *Wie ist das Handeln der Europäer zu beurteilen?*

 Entdeckung Amerikas durch Christoph Kolumbus

Zum 500-jährigen Jubiläum wurden 1992 zwei Symbole veröffentlicht.

Das offizielle Symbol aus der Sicht Spaniens ...

... und das inoffizielle aus der Sicht der Südamerikaner.

 Der Historiker Reinhardt Wendt schrieb im Jahr 2000

Der Aufbau formeller Kolonialherrschaft wurde immer wieder von Widerstand begleitet. In den Kernzonen war er zwar nicht erfolgreich, doch das Schwarz-Weiß-Bild von den einheimischen Opfern, die der Willkür kolonialer Täter wehrlos
5 ausgeliefert gewesen seien, lässt sich nicht aufrechterhalten. Manche Bevölkerungsgruppen entdeckten durchaus Vorteile in einer Kooperation mit den Europäern. Da die vorkoloniale Zeit keineswegs frei von Gewalt und Unterdrückung war, fanden Spanier und Portugiesen immer wieder Verbündete.
10 Von den ökonomischen Möglichkeiten, die Kontakte mit dem Westen boten, profitierten auch Einheimische. Für manche mag das Christentum plausiblere Antworten auf geistliche Probleme gegeben haben als vorkoloniale Glaubensvorstellungen. Westliches Wissen erwies sich nicht selten auch für einheimische Interessen als nützlich. [...]
15 Am anderen Ende der Skala ist das Aussterben amerikanischer Völker zu beklagen, die dem Zusammenstoß mit den Europäern nichts entgegenzusetzen hatten. Versklavung, Arbeitszwang, Ausbeutung in Bergwerken und landwirtschaftlichen Betrieben, der Zusammenbruch gesellschaftlicher und
20 familiärer Strukturen, die eigene Machtlosigkeit und die der

Götter, an die man geglaubt hatte – all das trug zur Vernichtung zahlreicher indianischer Ethnien bei. Man nimmt heute an, dass 1492 zwischen 35 und 45 Millionen Menschen auf
25 dem Gebiet des späteren Spanisch-Amerikas lebten. Bis 1650 sank die Zahl der Indianer auf etwas mehr als 4 Millionen. Die Zahl der brasilianischen Urbevölkerung wird für 1500 auf knapp 2,5 Millionen geschätzt und für 1570 auf 800 000. Bei aller Unmenschlichkeit, die man Konquistado-
30 ren, Grundbesitzern und Bergwerksbetreibern attestieren muss, lässt sich dieses massenhafte Sterben nicht allein auf Gewalt, Mord oder Krieg zurückführen, zumal die Spanier ein ökonomisch bestimmtes Interesse an der Arbeitskraft und nicht am Tod der Indianer hatten. Entscheidend für die
35 demografische Katastrophe waren Krankheiten wie Pocken, Pest, Typhus, Malaria, Gelbfieber, Grippe, Masern, Mumps und Diphtherie, die Europäer und Afrikaner eingeschleppt hatten und gegen die das Immunsystem der Indianer wehrlos war.
Reinhard Wendt, Seit 1492: Begegnung der Kulturen; in: Anette Völker-Rasor (Hg.), Frühe Neuzeit, München (Oldenbourg) 2000, S. 81 f.

M3 Bevölkerungsentwicklung in Südamerika

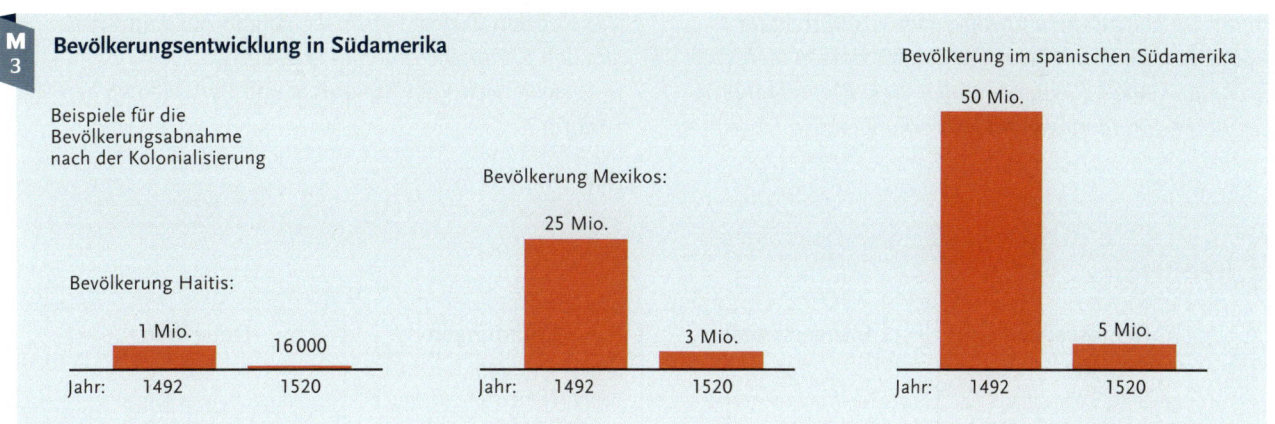

Beispiele für die
Bevölkerungsabnahme
nach der Kolonialisierung

Bevölkerung Mexikos:

Bevölkerung im spanischen Südamerika

Bevölkerung Haitis:

50 Mio.

25 Mio.

1 Mio.   16 000   3 Mio.   5 Mio.

Jahr: 1492   1520   Jahr: 1492   1520   Jahr: 1492   1520

M4 Die Folgen der spanischen Eroberung

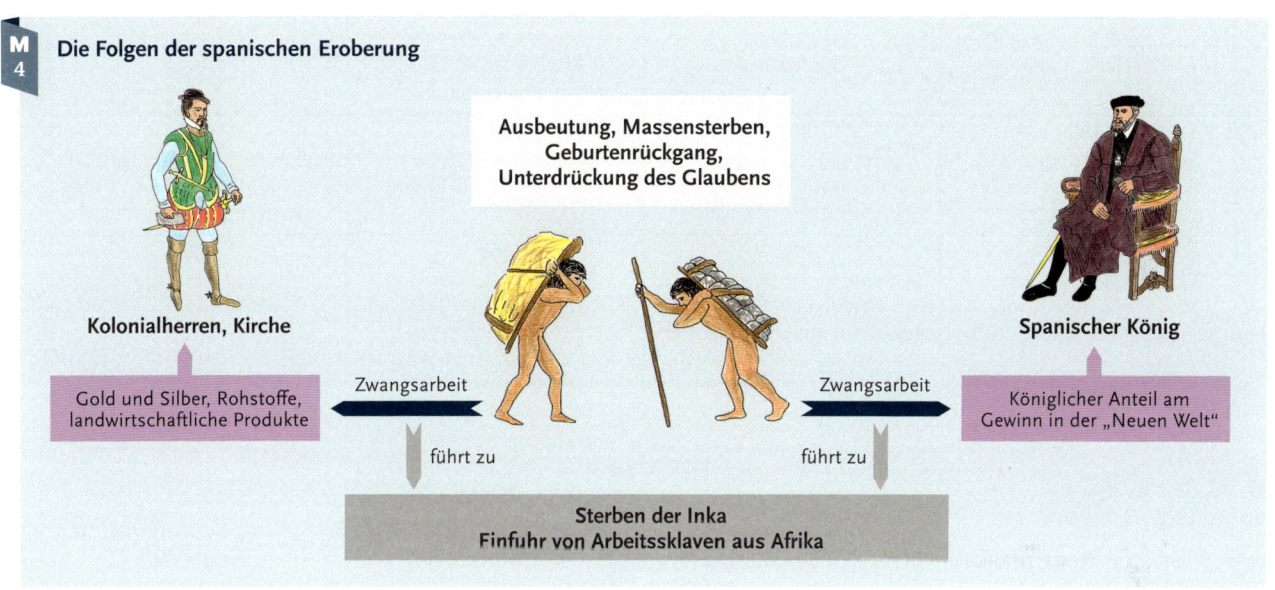

Kolonialherren, Kirche

Ausbeutung, Massensterben,
Geburtenrückgang,
Unterdrückung des Glaubens

Spanischer König

Gold und Silber, Rohstoffe,
landwirtschaftliche Produkte

Zwangsarbeit

Zwangsarbeit

Königlicher Anteil am
Gewinn in der „Neuen Welt"

führt zu

führt zu

Sterben der Inka
Einfuhr von Arbeitssklaven aus Afrika

M5 Eigenes Urteil

1 Formuliere zu den beiden Symbolen in M1 die
zentrale Aussage. Berücksichtige dabei auch die
Materialien M2 bis M4.

2 Bilde dir mithilfe der Materialien M2 bis M4 ein
eigenes Urteil. Schreibe dieses in M5 auf. Begründe
dein Urteil.

In der Geschichtswissenschaft endet das Mittelalter um 1500. Für die Wahl dieses Enddatums spielen mehrere Ereignisse eine bedeutende Rolle. Viele Menschen prägten durch Erfindungen und Entdeckungen den Übergang zur Neuzeit. Zudem wurde die damals bekannte Welt um den Kontinent Amerika erweitert.
- *Welche wichtigen Ereignisse und Personen stehen dafür?*

Jeopardy

Renaissance	Handelshäuser	Erfindungen	Neue Welt
100 geistige Strömung in der Zeit der Renaissance	**100** Kaufmannsfamilie aus Augsburg	**100** Sein Name steht in enger Verbindung mit dem Buchdruck.	**100** Er gilt als Entdecker Amerikas.
200 Ordnung, der die Menschen im Mittelalter unterlagen	**200** Heimatstadt der Medici	**200** Astronom, Physiker, Mathematiker und Philosoph	**200** Spanien und Portugal
300 Sie bestimmte den Wert des Menschen in der Zeit der Renaissance.	**300** Geschäftszweig großer Kaufleute, von dem Heimarbeiter abhängig waren	**300** Es bedeutet, dass die Planeten um die Sonne kreisen.	**300** Ausbeutung, Massensterben, Geburtenrückgang und Unterdrückung des Glaubens
400 Wissenschaft, die von der Kirche verachtet wurde, da sie die Bibel infrage stellt	**400** Kaufleute in der Renaissance, die ihr verdientes Geld, wieder gewinnbringend investierten	**400** Aus ihnen wurden die zu druckenden Texte zusammengesetzt.	**400** Hirschhorn

Fragen zu den Antworten

	Renaissance	Handelshäuser	Erfindungen	Neue Welt
100				
200				
300				
400				

M3 Kreuzworträtsel

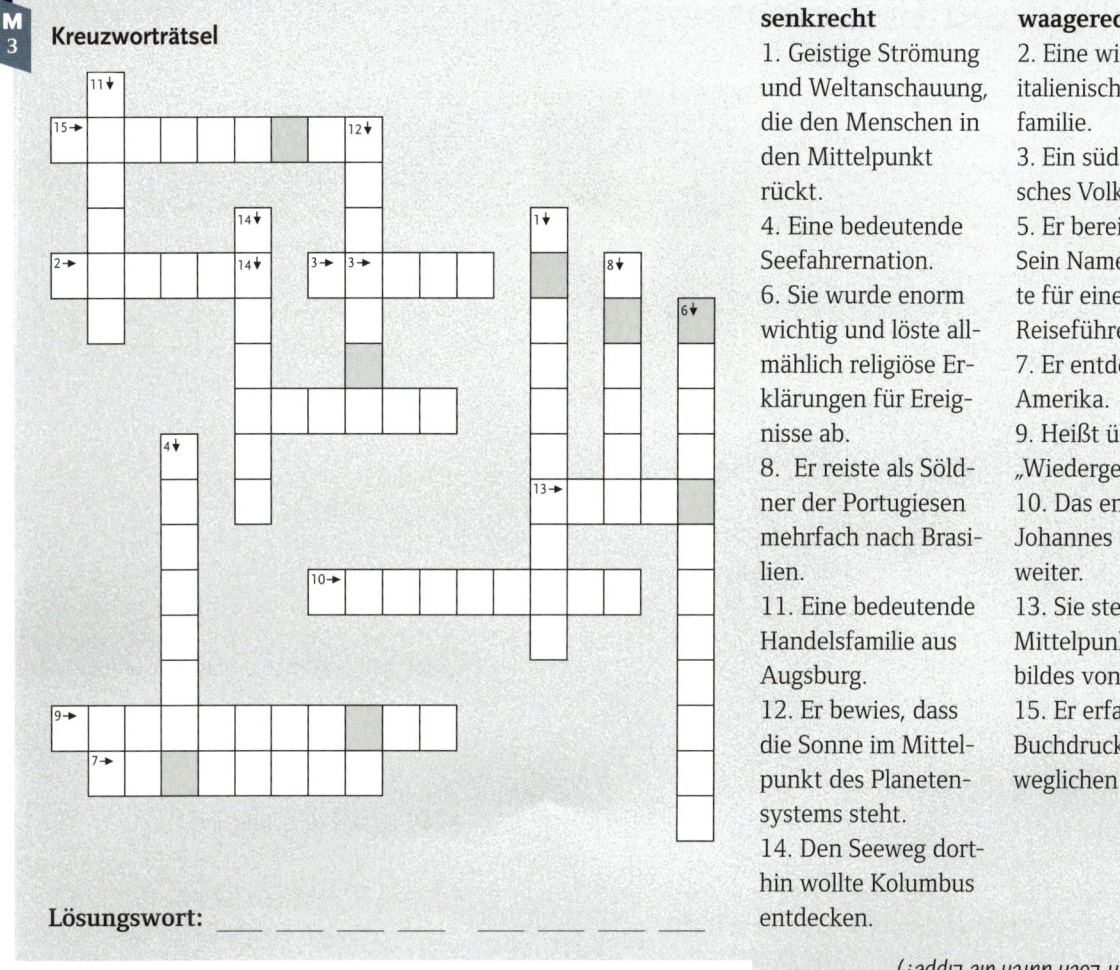

senkrecht

1. Geistige Strömung und Weltanschauung, die den Menschen in den Mittelpunkt rückt.

4. Eine bedeutende Seefahrernation.

6. Sie wurde enorm wichtig und löste allmählich religiöse Erklärungen für Ereignisse ab.

8. Er reiste als Söldner der Portugiesen mehrfach nach Brasilien.

11. Eine bedeutende Handelsfamilie aus Augsburg.

12. Er bewies, dass die Sonne im Mittelpunkt des Planetensystems steht.

14. Den Seeweg dorthin wollte Kolumbus entdecken.

waagerecht

2. Eine wichtige italienische Handelsfamilie.

3. Ein südamerikanisches Volk.

5. Er bereiste China. Sein Name steht heute für einen wichtigen Reiseführer.

7. Er entdeckte 1492 Amerika.

9. Heißt übersetzt „Wiedergeburt".

10. Das entwickelte Johannes Gutenberg weiter.

13. Sie steht im Mittelpunkt des Weltbildes von Galilei.

15. Er erfand den Buchdruck mit beweglichen Lettern.

Lösungswort: ___ ___ ___ ___ ___ ___ ___ ___

„Das hat mich besonders interessiert"

_____

_____

_____

_____

----

1 Jeopardy: Sinn des Spiels ist es, zu den Antworten jeweils die richtigen Fragen zu stellen. Die Antworten unterscheiden sich dabei zum einen im Themenbereich und zum anderen in der Schwierigkeitsstufe (Punkte). **Wähle aus:**

a) Versuche, zu allen Antworten die richtigen Fragen zu stellen. Schreibe diese in M2. Überprüfe anschließend, wie viele Fragen du richtig gestellt hast.

b) Spielt das Spiel zu zweit. Wählt dafür jeweils abwechselnd die Antworten aus und schreibt die Fragen

mit unterschiedlichen Farben in M2. Überprüft anschließend, wer gewonnen hat.

2 Löse das Kreuzworträtsel M3 (Ä = AE; Ö = OE; Ü = UE). Die Buchstaben in den markierten Kästchen ergeben richtig sortiert das Lösungswort.

3 Trage in den Kasten „Das hat mich besonders interessiert" ein, was dich an der Thematik „Neues Denken – Neue Welt" besonders interessiert hat, und erläutere warum.

Personen in der Geschichte

Katharina von Bora, die „berühmteste Pfarrfrau der Welt", war wohl ebenso außergewöhnlich wie ihr Mann, der große Reformator Martin Luther. Als Tochter eines Adligen wurde sie in ein Kloster geschickt und wurde Nonne. Als sie die Ideen der Reformation erreichten, floh sie mit weiteren Nonnen aus dem Kloster zu Martin Luther. Und wie das Schicksal so spielt, lernten

sie sich kennen und lieben, was nicht jedermann gut hieß. Melanchthon zum Beispiel fand Katharina zu stolz und eigensinnig und die Zeit unpassend, denn es herrschte der Bauernkrieg. Die katholischen Gegner Luthers verfassten sogar Flugblätter über „den Mönch und die entlaufene Nonne". Ihren spannenden Lebensweg kannst du auf dieser Seite kennen lernen.

Biografie der Katharina von Bora

Katharina von Bora kam bereits mit zehn Jahren nach Nimbschen bei Grimma in ein Frauenkloster. Katharina war allerdings unzufrieden mit ihrem Nonnen-Dasein. Also flüchtete sie zusammen mit weiteren Nonnen 1523 in der Karfreitags-
5 nacht nach Wittenberg. Leonhard Koppe war ihr Fluchthelfer. Ein riskantes Unternehmen, denn auf Nonnenentführung stand die Todesstrafe. In Wittenberg angekommen mussten die Frauen versorgt werden, denn sie waren mittellos. Luthers Vorschlag war, sie zu verheiraten, einzig bei Katharina
10 gab es diesbezüglich Schwierigkeiten. Schließlich nahm Luther sie selbst am 13. Juni 1525 zur Frau. Gegenseitige Achtung war der Grund für diese Entscheidung, nicht leidenschaftliche Liebe, diese entwickelte sich erst später. Die Hochzeit war eine Provokation, einerseits gegenüber seinen
15 Freunden, andererseits gegenüber der Kirche, denn beide waren an das Zölibat gebunden. Luther war verschwenderisch und konnte mit Geld nicht umgehen. Katharina hingegen wirtschaftete fleißig, umsichtig und sparsam, argumentierte teilweise sogar gegen Luther, um die Versorgung zu
20 gewährleisten. So lernte Luther die Schaffenskraft Katharinas schnell zu schätzen. Das Ehepaar bekam in acht Jahren insgesamt sechs Kinder, von denen nur vier das Erwachsenenalter erreichten. Katharina war eine liebevolle Mutter und sie verehrte ihren vielbeschäftigten Mann, ohne sich ihm zu un-
25 terwerfen. Luther überließ seiner „Käthe" die praktischen Dinge des Lebens und war dankbar für jeden Ratschlag. Nach Luthers Tod geriet Katharina mit ihren Kindern zunächst in eine schwierige wirtschaftliche Lage, weil sie als Erbin nicht anerkannt wurde. Dann erhielt sie fürstliche
30 Unterstützung, u. a. von Herzog Albrecht von Preußen und König Christian III. von Dänemark. Trotzdem musste sie infolge des Schmalkaldischen Krieges, der Pest und Missernten mehrfach aus Wittenberg fliehen. 1552 hatte ihre Kutsche vor der Stadt Torgau einen Unfall, von dem sie sich nicht
35 wieder erholte. *Verfassertext*

Lücken- oder Lügentext	Begriffe/Korrektur

1 Lies den Text M1.

Wähle aus:

a) Verfasse in M2 einen Lückentext zur Biografie der Katharina von Bora. Dabei kannst du auch die einzusetzenden Begriffe vorgeben. Diese solltest du dann in einer ungeordneten Reihenfolge in die Spalte „Begriffe/Korrektur" schreiben.

b) Verfasse in M2 einen Lügentext zum Thema.

2 Bearbeitet anschließend eure Lücken- bzw. Lügentexte mit einem Partner und korrigiert sie gegenseitig.

Die Kirche um 1500

Die Kirche durchlebte im ausgehenden Mittelalter eine schwere Krise. Die Spaltung der Kirche durch die Päpste in Rom und die Gegenpäpste in Avignon ließ deren Autorität sinken. Die Menschen mussten sich für eine Seite entscheiden. Weiterhin missbrauchten viele Kirchenfürsten ihre Position als Reichsfürsten. Sie nutzten ihre Privilegien und ihre Ländereien aus, ohne an die Bevölkerung zu denken.

- *Wie sah die Krise aus?*
- *Welche Ursachen hatte sie?*

Buchstabensalat

B	I	L	E	O	R	E	L	I	Q	U	I	E	H	J
A	L	D	R	A	W	I	T	T	E	N	B	E	T	G
W	A	S	E	E	L	E	N	H	E	I	L	N	R	A
A	T	G	K	M	L	U	T	H	E	A	H	J	T	N
L	S	P	E	T	E	R	S	P	F	E	N	N	I	G
L	D	H	K	E	F	G	M	A	Z	M	R	T	Z	S
F	U	N	T	P	D	B	N	P	R	A	B	S	U	T
A	J	J	P	K	I	Z	U	S	O	G	R	S	H	K
H	G	M	O	A	S	S	D	T	N	D	I	A	H	I
R	R	R	E	U	E	F	E	G	E	F	E	L	G	R
T	F	X	Y	F	B	A	L	L	R	G	T	B	F	C
F	R	H	O	E	L	L	E	N	S	T	R	A	F	E

Hinweis:
Du musst von links nach rechts,
von rechts nach links,
von oben nach unten,
von unten nach oben
und diagonal suchen.

Situation der Kirche

_____

_____

_____

_____

_____

_____

_____

_____

1 Im Silbenrätsel M1 sind zwölf Begriffe versteckt. Finde und markiere diese.

2 Verwende die von dir gefundenen Begriffe, um in M2 in einem kurzen Text die Situation der Kirche um 1500 zu beschreiben.

Der Ablasshandel

Die Religion spielte für die einfachen Menschen in der Frühen Neuzeit eine sehr bedeutende Rolle. Ihr Leben war auf das Jenseits, das Leben nach dem Tod, ausgerichtet. Ziel war es, das Seelenheil zu erlangen und durch große Frömmigkeit und Buße für begangene Sünden einen Platz im Paradies zu erlangen. Doch es gab noch einen weiteren Weg, Sünden erlassen zu bekommen – mit einem sogenannten Ablassbrief oder kurz Ablass. Wie dies funktionierte und wie die Menschen dies aufnahmen, kannst du auf dieser Seite erfragen.

M 1 Friedrich Mecum (Lateinschüler) erinnert sich an den Besuch von Johann Tetzel im sächsischen Annaberg

Johann Tetzel aus Pirna in Meißen, ein Dominikanermönch, war ein gewaltiger Verkünder des Ab-
5 lasses des römischen Papstes. Er war zwei Jahre in Annaberg und betörte das Volk so sehr, dass alle glaubten, es
10 gebe keinen anderen Weg, Vergebung der Sünden und das ewige Leben zu erlangen: [...] wir müssten uns den päpstlichen Ablass kaufen. [...]
15 Um Pfingsten 1510 [...] wurden an die Türen und Mauern der Kirche öffentliche Briefe [des Papstes] angeschlagen, worin be-
20 fohlen wurde, dass der Ablass, um dem deutschen Volk seine Andacht Dank zu beweisen, von nun an [...] nicht mehr so
25 teuer verkauft werden sollte. Und am Ende des Briefes stand auf Lateinisch geschrieben: Den Armen [...] soll man die
30 Ablassbriefe umsonst geben, ohne Geld, um Gottes Willen. [...] Mein Vater hatte mich die Zehn Gebote gelehrt, das Vaterunser und den christlichen Glauben,
35 und zwang mich, dass ich immer beten musste. Denn wir hätten, so sagte er, alles allein von Gott, umsonst. [...] Von dem römischen Ablass sagte er, das seien nichts als Netze, womit man den Einfältigen das Geld abfische und aus dem Beutel nehme. [...] Weil ich nun in den Predigten nichts ande-
40 res hörte, als das große Lob des Ablasses, blieb ich im Zweifel, wem ich mehr glauben sollte, meinem lieben Vater oder den Priestern als Lehrer der Kirche. Ich stand im Zweifel,

glaubte aber doch mehr den Priestern. [... Denn] mir gefiel über die Maßen der Satz: „Den Armen soll der Ablass um-
45 sonst gegeben werden, um Gottes willen." Nach drei Tagen nun trieb es mich, zu den [päpstlichen] Kommissarien zu gehen
50 und sie um die Briefe von der Vergebung der Sünden zu bitten aus Gnade für die Armen. Ich gab auch an, ich sei ein Sün-
55 der und arm und bedürfe der Vergebung, die aus Gnaden geschehe. [...] [Tetzel aber antwortete], „dass klar in des Papstes
60 Briefe stehe, dass die der reichsten [...] Verdienste Christi teilhaftig werden, die mit der Hand helfen, also Geld geben." [... Man
65 schlug mir vor, ich solle weniger geben. ...] Ich aber blieb beständig, dass mir die Briefe von dem, der Macht habe, sie zu
70 schenken, umsonst geschenkt werden sollten; wenn nicht, so wolle ich die Sache Gott befehlen und ihm anheim stellen.
75 So wurde ich ziehen gelassen. [...] Da empfand ich, dass mein ganzes Herz verwandelt war; ich hatte einen Verdruss über alle Dinge in der Welt und das Leben
80 gründlich satt. Nur das eine begehrte ich: Gott zu loben und ihm zu gefallen.

Johannes Tetzel (1465–1519), Theologe und Ablassprediger

Sprachlich modernisiert und gekürzt nach: Richter, A.: Quellenbuch für den Unterricht in der deutschen Schule, 3. Verm. Aufl. Leipzig (Verlag Fr. Brandstetter) 1893, S. 144–149; zit. nach: Kümper, H., Pastors, M.: Mittelalter (= Fundus, Quellen für den Geschichtsunterricht), Schwalbach/Ts. (Wochenschau) 2008, S. 135 f.

M2 **Fragen und Antworten**

Frage 1: _____

_____

_____

_____

Frage 2: _____

_____

_____

_____

Frage 3: _____

_____

_____

_____

Frage 4: _____

_____

_____

_____

Frage 5: _____

_____

_____

_____

1 Lies den Text **M1** und unterteile ihn in maximal fünf Sinnabschnitte. Markiere diese im Text.

2 Wähle aus:

a) Formuliere zu jedem Sinnabschnitt eine Frage. Tausche die Fragen mit deinem Banknachbarn und beantwortet sie mit Zeilenangabe in M2. Korrigiert anschließend eure Antworten.

b) Stell dir vor, du könntest mit Friedrich Mecum sprechen. Stelle ihm zu jedem Sinnabschnitt eine Frage. Notiere diese in M2. Vergleiche anschließend deine Fragen mit denen deines Banknachbarn und begründet jeweils die Auswahl eurer Fragen. Versucht nun gemeinsam, eure Fragen mit Zeilenangabe zu beantworten.

Luther und seine Lehre

Durch die Entwicklung des Buchdrucks durch Johannes Gutenberg konnten sich die Protagonisten im Reformationszeitalter völlig neue Medien zunutze machen. Eine Vielzahl von Büchern, aber vor allem Flugschriften wurden veröffentlicht. Da ein großer Teil der Bevölkerung nicht lesen konnte, griffen die Autoren auf bildliche Darstellungen zurück. Eine besondere Gattung waren die sogenannten Spottbilder. Die abgebildeten Personen oder Ereignisse sollten lächerlich gemacht werden. Für die Zeitgenossen war es leicht, diese Darstellungen zu verstehen. Wir müssen sie heute erst entschlüsseln.

- Wie machen wir das?
- Welche Besonderheiten weisen Spottbilder auf?

Methode „Spottbilder interpretieren"

Methodischer Schritt	Fragen und Arbeitsanweisungen
1. Formale Aspekte	Benenne und erläutere Ereignisse und Personen aus dem historischen Kontext, die für das Verständnis dieser Zeichnung von Bedeutung sind. Beziehe sie dabei immer auf das Bild.
2. Beschreibung	Wer ist der Maler? Wann ist das Bild entstanden? Wie ist der Titel? Wo wurde es veröffentlicht? Gab es einen Auftraggeber?
3. Historische Einordnung	Nimm Stellung zur Aussage des Bildes. Begründe deine Meinung. (Hier geht es nicht um den künstlerischen Wert des Bildes, sondern um die historische Aussage.)
4. Position und Absicht des Autors	Was ist zu sehen? Welche Gestaltungsmittel werden verwendet? Welche Hauptaussage übermittelt das Bild? Gibt es weitere Nebenaussagen? Beschreibe so genau wie möglich.
5. Beurteilung	Welchen Anlass hatte der Künstler? Was wollte er mit diesem Bild erreichen? Wen wollte er beeinflussen, an wen richtete er das Bild?

Spottbild „Teufel mit Sackpfeife", auch bekannt als „Des Teufels Dudelsack", gezeichnet 1530 von Erhard Schön
Erhard Schön (1491–1542) wurde in eine Nürnberger Kaufmannsfamilie geboren. Über seine genauen Lebensverhältnisse ist wenig bekannt. Er galt als Anhänger Dürers, von dem er viele Elemente übernahm. Wie in seiner Zeit üblich, illustrierte Schön zahlreiche religiöse Veröffentlichungen. Einer Richtung schloss er sich dabei nicht an. In seinem Vermächtnis finden sich Spottbilder auf die katholische Kirche genauso wie auf Luther und dessen Anhänger.

M 3

(leere Linien zum Ausfüllen)

Teste dich

Das konnte ich gut

Das muss ich noch üben

1 Ordne die Fragen und Arbeitsanweisungen in M1 den entsprechenden methodischen Schritten zu, indem du sie miteinander verbindest.

2 Führe die Methode am Beispiel des Spottbildes M2 in M3 durch.

3 Trage in den Kasten „Teste dich" ein, was du bei der Methode „Spottbilder interpretieren" gut konntest und was du zukünftig noch üben musst.

Der Bauernkrieg

Der Bauernkrieg in der ersten Hälfte des 16. Jahrhunderts fand überwiegend in Süd- und Mitteldeutschland statt. Er gilt als eine soziale Erhebung, da diejenigen, die die Hauptlast im Feudalwesen trugen, rebellierten. Die Forderungen wurden in den sogenannten „Zwölf Artikeln" fest- *gehalten, die als frühe Form einer Erklärung der Menschenrechte gelten.*

- *Wie wurde der Aufstand begründet?*
- *Was hielten die Gegner vom Aufstand der Bauern?*

Thomas Müntzer in einer Schrift aus dem Jahr 1524

Der Theologe, der im Bauernkrieg Begründungen für den Aufstand gab, war ein Gegenspieler Martin Luthers.
Gleichwohl kommt Vater Leisetritt, ach der kirre Geselle, und sagt, ich wolle Aufruhr machen, wie er denn aus meinem Sendbrief an die Berggesellen gelesen hat. Eines sagt er, und das Allerbescheidenste verschweigt er, wie ich vor den Fürsten
5 klar ausbreitete, dass eine ganze Gemeinde die Gewalt des Schwertes habe wie auch den Schlüssel der Auflösung – ,und sagte vom Text Daniel 7, Offb. 6 und Röm. 13,1, Sam. 8, dass die Fürsten keine Herren, sondern Diener des Schwertes seien. Sie sollens nicht machen, wie es jenen wohl gefällt,
10 Mose 17, sie sollens recht tun. Darum muss auch aus dem alten guten Brauch das Volk dabei sein, wenn einer recht gerichtet wird nach dem Gesetz Gottes, 4. Mose 15. Ei warum? Falls die Obrigkeit das Urteil verfälschen sollte, Jes. 10, so sollen die umstehenden Christen das verneinen und nicht
15 leiden, dass Gott von einem unschuldigen Blut Rechenschaft haben will, Psalm 79. Es ist der allergrößte Gräuel auf Erden, dass niemand der Bedürftigen Not sich will annehmen; die großen Hansen machens, wie sie wollen, wie Hiob am 41. schreibt. [...] Die Grundsuppe des Wuchers, der Diebererei und
20 Räuberei sind unsere Herren und Fürsten; [sie, M. S.] nehmen alle Kreaturen als Eigentum: die Fische im Wasser, die Vögel in der Luft, das Gewächs auf Erden muss alles ihrer sein, Jes. 5. Darüber lassen sie dann Gottes Gebot ausgehen unter die Armen und sprechen: Gott hat geboten, du sollst
25 nicht stehlen; es [hilft, M. S.] ihnen aber nicht. So sie nun alle Menschen [nötigen, M. S.], den armen Ackersmann, Handwerksmann und alles, was da lebt, schinden und schaben, Micha 3, und wenn [einer, M. S.] sich dann am Allergeringsten vergreift, so muss er hängen. Da sagt dann der Doktor
30 Lügner: Amen. [Dabei, M. S.] machen die Herren das selber, dass ihnen der arme Mann feind wird. Die Ursache des Aufruhrs wolle sie nicht wegtun, wie kann es [auf, M. S.] die Dauer gut werden? Wenn ich das sage, muss ich aufrührerisch sein, wohlan!

Zit. nach: Gerhard Wehr (Hg.), Thomas Müntzer. Schriften und Briefe, Frankfurt am Main (Fischer) 1973, S. 130 f.

Martin Luther „Wider die räuberischen und mörderischen Rotten der Bauern" (Auszug), Mai 1525

Dreierlei gräuliche Sünden wider Gott und Menschen laden diese Bauern auf sich, weswegen sie den Tod verdient haben an Leib und Seele [...].
Zum Ersten, dass sie ihrer Obrigkeit Treu und Huld ge-
5 schworen haben, untertänig und gehorsam zu sein, wie solches Gott gebietet, da er spricht: „Gebt dem Kaiser, was des Kaisers ist", und Röm. 13,1: „Jedermann sei der Obrigkeit untertan" [...]. Weil sie aber diesen Gehorsam mutwillig und mit Frevel brechen und dazu sich wider ihre Herren setzen,
10 haben sie damit Leib und Seele verwirkt. [...] Welcher Spruch auch endlich die Bauern treffen wird, es geschehe [...]. Denn Gott will Treu und Pflicht gehalten haben.
Zum Andern, dass sie Aufruhr anrichten, rauben und plündern mit Frevel Klöster und Schlösser, die nicht ihnen gehö-
15 ren, womit sie, als die öffentlichen Straßenräuber und Mörder, allein wohl zwiefältig den Tod an Leib und Seele verdienen [...]. Denn über einen öffentlichen Aufrührerischen ist ein jeglicher Mensch beides, Oberrichter und Strafrichter. Denn Aufruhr ist nicht ein einfacher Mord, sondern wie ein
20 großes Feuer, das ein Land anzündet und verwüstet. So bringt Aufruhr mit sich ein Land voll Mordes, Blutvergießens und macht Witwen und Waisen und zerstört alles [...]. Drum soll hier zuschmeißen, würgen und stechen, heimlich und öffentlich, wer da kann, und gedenken, dass nichts Giftige-
25 res, Schädlicheres, Teuflischeres sein kann, als ein aufrührerischer Mensch. [...] [S]chlägst du nicht, so schlägt er dich, und ein ganzes Land mit dir.
Zum Dritten, dass sie solche schreckliche, gräuliche Sünde mit dem Evangelium decken, nennen sich christliche Brüder,
30 nehmen Eid und Huld und zwingen die Leute zu solchen Gräueln mit ihnen [...]. Womit sie die allergrößten Gotteslästerer und Schänder seines heiligen Namens werden und ehren und dienen dem Teufel unter dem Schein des Evangeliums. Daran haben sie wohl zehnmal den Tod verdient an
35 Leib und Seele, dass ich eine hässlichere Sünde nie gehört habe. [...] So kanns denn geschehen, dass, wer auf der Seite der Obrigkeit erschlagen wird, ein rechter Märtyrer vor Gott sei, wenn er mit solchem Gewissen streitet [...]. Denn er geht in göttlichem Wort und Gehorsam. Wiederum, was auf der
40 Seite der Bauern umkommt, ist ein ewiger Höllenbrand. Denn er führt das Schwert gegen Gottes Wort und Gehorsam und ist ein Teufelsglied. [...]

Zit. nach: Gerhard Wehr (Hg.), Thomas Müntzer. Schriften und Briefe, Frankfurt am Main (Fischer) 1973, S. 206 ff.

M3 Argumente Müntzers und Luthers

Argumente Müntzers	Argumente Luthers

M4 Streitschlichtung

1 Lies dir die beiden Positionen in M1 und M2 gut durch. Stelle die Argumente Müntzers und Luthers in M3 gegenüber.

2 Stell dir vor, du bist ein „Streitschlichter" und sollst zwischen den beiden Kontrahenten vermitteln. Formuliere in M4 dein Vorgehen bei dieser Streitschlichtung. Berücksichtige dabei auch zusätzliche Informationen zum Bauernkrieg aus deinem Lehrbuch.

Konfessionen in Europa

Der Begriff „Reformation" (lat. reformatio) heißt übersetzt Wiederherstellung oder Erneuerung. Im Fremdwörterbuch steht allerdings auch „die durch Luther ausgelöste religiöse Erneuerungsbewegung, die zur Bildung der protestantischen Kirche führte". Luther ist aber nicht der einzige Name, der mit der Reformation in Zusammenhang gebracht werden kann. Es gab weitere Personen, deren Ziel es war, die mittelalterlichen bzw. frühneuzeitlichen kirchlichen Verhältnisse zu verändern. Wer diese Personen waren, welchen Einfluss sie ausübten und wie Zeitgenossen diese Veränderungen aufnahmen, kannst du mithilfe dieser Seite herausfinden und dabei die Methode der Bildanalyse üben.

„Durch alle Reformatoren wurde das Licht des Evangeliums wieder entzündet"(Kupferstich, unbekannter Künstler, um 1600/1650)
Anmerkung zu den Personen: Im Zentrum sitzt Luther, neben ihm Melanchthon und Calvin (rechts von Luther). Hinter Luther ist Ulrich Zwingli abgebildet. An der rechten Tischseite ist Jan Hus und an der linken John Wycliff zu finden.

Analyse des Bildes

1. Formale Analyse (Künstler, Auftraggeber, Entstehungsort und -zeit, Titel, Bildart, Adressat)

2. Inhaltsanalyse (Bildbeschreibung)

_____

_____

_____

_____

_____

_____

_____

_____

_____

3. Historischer Kontext (Informationen zu Ereignissen oder auch Personen, die mit dem Bild in Zusammenhang stehen)

_____

_____

_____

_____

4. Deutung und Urteil (Absicht des Künstlers/Auftraggebers, historischer Realitätsgehalt, offene Fragen, Vermutungen, Beurteilung aus heutiger Sicht)

_____

_____

_____

_____

1 Betrachte das Bild M1 genau und analysiere es anschließend entsprechend der vorgegebenen Vorgehensweise in M2.

Nutze für eine ergänzende Recherche auch dein Lehrbuch und gegebenenfalls das Internet.

Das Leben im und mit dem Krieg

Viele Soldaten zogen während des Dreißigjährigen Krieges durch das ganze Heilige Römische Reich Deutscher Nation. Sie sahen und ertrugen viel Elend und Leid. Oftmals zogen sie jedoch nicht allein, sondern nahmen ihre Familien mit.
- *Was erlebten sie auf ihren Märschen?*
- *Wie sah das Leben eines Söldners im Dreißigjährigen Krieg aus?*

M 1

Auszug aus dem Tagebuch Peter Hagendorfs

In diesem Jahr 1627 im April den 3. habe ich mich unter das Pappenheimsche Regiment zu Ulm lassen anwerben als einen Gefreiten. [...] Von Oppenheim nach Frankfurt, durch die Wetterau und Westfalen durch und nach Wolfenbüttel im
5 Braunschweiger Land. Das haben wir belagert und Schanzen davor gebaut und der Stadt heftig zugesetzt mit Wasserstauen und Bauen, sodass sie sich haben müssen ergeben. Hier ist mir mein Weib krank gewesen die ganze Belagerung, denn wir sind 18 Wochen davor gelegen. Am Heiligen Christ-
10 abend sind sie abgezogen im Jahr 1627, aber meistenteils haben sie sich lassen anwerben. Da sind an die 200 Mann aus der Altmark gekommen, um die Kranken und Verwundeten zu fahren. Da habe ich mein Weib auch aufgesetzt. Da sind wir in die Altmark gezogen. Unser Hauptquartier ist gewesen
15 zu Gardelegen. Unser Hauptmann Hans-Heinrich Kelmann ist mit seiner Kompanie gelegen zu Salzwedel. Hier bin ich krank geworden und das Weib wieder gesund. [...] Damals ist mein Weib niedergekommen, aber das Kind ist noch nicht geburtsreif gewesen, sondern alsbald gestorben. [...]
20 Vor Stade sind wir gelegen. Am Karfreitag haben wir Brot und Fleisch genug gehabt, und am heiligen Ostertag haben wir kein Mund voll Brot haben können.
Danach sind wir mit unserer Kompanie nach Stendal gezogen, auch gutes Quartier gehabt. Im Jahr 1629 hat Oberst-
25 leutnant Gonzaga, Fürst von Mantua, 2000 Mann genommen von dem Regiment, denn das Regiment ist 3500 Mann stark gewesen, und ist nach Pommern gezogen, und haben uns gelagert vor Stralsund. [...] Dieses Mal, während ich bin weg gewesen, ist meine Frau wieder mit einer jungen Tochter
30 erfreut worden. Ist auch in meiner Abwesenheit getauft worden, Anna Maria. Ist auch gestorben, während ich bin weg gewesen. Von Stralsund sind wir alle das Wasser hinauf. welches die Swine genannt wird, über das Wasser mit zwei Schiffen und in das Gebiet der Kaschuben, gar ein wildes
35 Land, aber treffliche Viehzucht von allerlei Vieh.
Hier haben wir kein Rindfleisch mehr wollen essen, sondern es haben müssen Gänse, Enten oder Hühner sein. Wo wir über Nacht gelegen sind, hat der Wirt müssen einem jedweden einen halben Taler geben, aber im Guten, weil wir mit
40 ihm zufrieden sind gewesen und haben ihm sein Vieh in Frieden gelassen. [...] Wie wir nun wieder in die Mark, in unser

Quartier gekommen sind, bald danach in diesem Jahr 1629 sind wir mit dem ganzen Regiment aufgebrochen und gezogen in die Wetterau. [...] Hier ist meine Frau wieder mit einer
45 jungen Tochter verehrt worden, ist getauft worden Elisabeth. [...] Im Jahr 1630 sind wir hier aufgebrochen und gezogen nach Paderborn. Von Paderborn nach Niedermarsberg [...]. Nach Goslar im Harz und nach Magdeburg. Haben uns verlegt auf Dörfer und die Stadt blockiert, den ganzen Winter
50 stillgelegen auf Dörfern, bis zum Frühling im Jahr 1631. Da haben wir etliche Schanzen eingenommen. Da ist unser Hauptmann vor einer Schanze, neben vielen anderen, totgeschossen worden. [...] Den 22. März ist uns Johan Galgort als Hauptmann vorgestellt worden, den 28. April ist er im Lauf-
55 graben wieder totgeschossen worden. Den 6. Mai ist uns Tilge Neuberg wieder vorgestellt worden. Der hat zehn Tage unsere Kompanie gehabt, danach hat er resigniert.
Den 20. Mai haben wir mit Ernst angesetzt und gestürmt und auch erobert. Da bin ich mit stürmender Hand ohne al-
60 len Schaden in die Stadt gekommen. Aber in der Stadt, am Neustädter Tor, bin ich 2-mal durch den Leib geschossen worden. [...] Ist mir doch von Herzen leid gewesen, dass die Stadt so schrecklich gebrannt hat, wegen der schönen Stadt und weil es meines Vaterlandes ist.
65 Wie ich nun verbunden bin, ist mein Weib in die Stadt gegangen, obwohl sie überall gebrannt hat [...]. So habe ich auch das kranke Kind bei mir liegen gehabt. Ist nun das Geschrei ins Lager gekommen, die Häuser fallen alle übereinander, sodass viele Soldaten und Weiber, welche mausen wollen, darin
70 müssen bleiben. So hat mich das Weib mehr bekümmert, wegen des kranken Kindes, als mein Schaden. Doch hat sie Gott behütet. Sie kommt nach anderthalb Stunden [...] aus der Stadt. [...] So hat sie mir auch gebracht eine große Kanne von vier Maß Wein und hat außerdem auch zwei silberne
75 Gürtel gefunden und Kleider, sodass ich dafür 12 Taler eingelöst habe zu Halberstadt. Am Abend sind nun meine Gefährten gekommen, hat mir ein jeder etwas verehrt, einen Taler oder halben Taler.
Zit. nach: Jan Peters (Hg.), Peter Hagendorf – Tagebuch eines Söldners aus dem Dreißigjährigen Krieg (= Herrschaft und soziale Systeme in der frühen Neuzeit, hg. v. Arbeitskreis Militär und Geschichte in der Frühen Neuzeit e.V., Bd. 14), Göttingen (V&R unipress) 2012, S. 102–105.

M2 **Die Ereignisse**

Militärische Ereignisse		Private Ereignisse	
Datum	Ereignis	Datum	Ereignis

M3

1 Ordne die im Tagebuch von Peter Hagendorf genannten Ereignisse in die Tabelle M2 ein. Was fällt dir dabei auf?

2 Wähle dir ein Ereignis aus dem Bericht Peter Hagendorfs aus und zeichne dazu in M3 ein Bild.

Die Zerstörung einer Stadt: Das Beispiel Magdeburg

Der 10. Mai 1631 (julianischer Kalender) war für die Stadt Magdeburg ein kaum in Worte zu fassender Tag. An diesem Tag wurde die Stadt durch katholische Truppen erobert. Magdeburg hatte in dieser Zeit eine hohe strategische Bedeutung, denn hier befand sich der wichtigste Elbübergang für die Schweden, die neu in den Krieg eingetreten waren. Der 10. Mai 1631 hatte dem- *nach europäische Bedeutung. Was an diesem Tag und an den darauffolgenden genau geschah, kannst du auf dieser Doppelseite in Erfahrung bringen.*

M1 **Die Zerstörung Magdeburgs 1631 – zwei Perspektiven**

a) _____ Sicht

Pappenheim war zur Eroberung der Stadt Magdeburg jedes Mittel recht. Er ließ die Stadt angreifen und seine Männer waren zum Äußersten entschlossen. Man hatte ihnen reiche Beute versprochen. Doch die Angreifer kamen nur schlep-
5 pend voran, denn sie trafen auf den erbitterten Widerstand der sich tapfer wehrenden Magdeburgerinnen und Magdeburger. Wutentbrannt ließ Pappenheim die Stadt an achtzehn Stellen anzünden. Das Feuer breitete sich in Windeseile aus, es verschlang Haus um Haus und den Überlebenden blieb
10 nur die Flucht übrig. Die alles vernichtende Feuersbrunst nahm nun jedoch dermaßen überhand, dass für die eindringenden Soldaten ein Plündern fast unmöglich wurde. Der Rückzug aus dem Flammenmeer glich eher einer Flucht als einem siegreich beendeten Feldzug. Aus der in Flammen
15 stehenden Stadt nahmen die Söldner als Ersatz für reiche Beute alles mit, was irgendwie möglich war. Männer, Frauen und Mädchen wurden in Ketten gelegt und in die Heerlager der Angreifer verschleppt. Viele von ihnen wurden auf erbärmliche Art und Weise missbraucht. Selbst mit 10 oder 12
20 Jahre alten Mädchen kannte man kein Erbarmen. Darauf folgte ein Fressen und Saufen, das ganze drei Tage und Nächte andauerte und von Tilly zynisch „Magdeburger Hochzeit" genannt wurde. Die noch am Leben gebliebenen Magdeburger Bürgerinnen und Bürger, die bis hierher Feu-
25 ersbrunst, Entführung, Folter und Vergewaltigung überstanden hatten, mussten diese Orgie entsetzt mit ansehen.

b) _____ Sicht

Es wurde beschlossen die Stadt im Namen Gottes im Morgengrauen anzugreifen. Der Sturm sollte mit ganzer Kraft über Magdeburg hereinbrechen. Die angreifende Heerschar von Soldaten zeigte sich tapfer und heroisch, wie man es zu-
5 vor noch nicht gesehen hatte. Nach zwei Stunden erbitterten Kampfes konnten wichtige Verteidigungsstellen des Feindes erobert werden, sodass diese gezwungen waren, sich in die Stadt zurückzuziehen. Beim Plündern der Häuser entdeckte man große Vorräte an Schießpulver und auf einmal entstan-
10 den an vielen unterschiedlichen Orten der Stadt Feuer. Die Feuersbrunst erfasste schnell die ganze Stadt. Viele der schönen Kirchen versanken in Schutt und Asche, nur der Dom blieb übrig. Eine große Anzahl Menschen kam in den Flammen ums Leben. Das war wohl die gerechte Strafe durch
15 Gott den Allmächtigen für diese Rebellen. Sie hatten ihre Stadt mutwillig angezündet. Auf Befehl des Generals wurden alle Gefangenen festgenommen und die Anstifter dieser Rebellion sollten streng bestraft werden, um anderen Städten damit ein mahnendes Beispiel zu geben.

Landesinstitut für Schulqualität und Lehrerbildung (Hg.): Zerstörung Magdeburgs, Arbeitsblatt: Unterschiedliche Perspektiven (Die Geschichte des Landes Sachsen-Anhalt im Zeitstrahl – Begleitmaterial) Halle 1998.

M2 **Textvergleich**

_____

_____

_____

_____

M3

Geschichte der Errettung des Predigers Christoph Thodanäus und seiner Gattin

Der Prediger befand sich mit seiner Frau Schutz suchend im Haus eines Bekannten. Dort wurden sie bereits zweimal überfallen.

☐ [494] Endlich kam ein toller Eisenfresser¹ mit einem blanken Stechdegen die Treppe hinauf, hieb mich sogleich über Kopf und Stirn und sagte: „Pfaff, gib Geld!" Da das Blut stark aus der Wunde drang, auf meinen weißen Priesterkra-
5 gen und den Chorrock herabfloss und meine Frau deswegen sehr jammerte, so setzte ihr der Wüterich den Degen auf den Leib, dass ich nicht anders dachte, als er würde sie damit durchbohren. [...] Weil mein großer Blutverlust und unsere Geduld aber den Menschen doch etwas zu rühren schienen,
10 so sprach ich zu ihm: „Ach, lasset doch mit euch reden; ich gehöre gar nicht in dieses Haus. Kommt mit zu uns, wir wollen euch geben, was wir noch haben." „Nun so komm, Pfaff!" war seine Antwort, „gib mir dein Geld, ich will dir's Wort sagen; Jesus Maria²! ist das Wort; wenn du das sagst,
15 tut dir Soldat nichts mehr." Denn er konnte nicht recht Deutsch. [...]

☐ [12] Als wir an unser Haus kamen, trat eben ein Plünderer heraus [...]. Unser Obrist ritt vor die Tür, wies alle, die noch darin waren, fort und sprach dann zu uns: „Es soll euch
20 nun [...] kein Leid mehr widerfahren; ich will mein Quartier bei euch haben [...]." Er stellte auch sofort zwei [...] Wachen vor die Tür und ritt davon mit dem Versprechen, bald zurückzukommen [...].

☐ [600] Bald darauf kam unser Obrist vor das Haus gerit-
25 ten [...] und sagte: „Frau, nehmet [...] euern Mann bei der Hand, und führet mich zur Stadt hinaus, oder wir müssen alle verbrennen." Weil alle Tore schon in vollen Flammen standen, gingen wir dem Fischerufer zu [...]. Unterwegs mussten [wir] uns durch viele tausend Soldaten und eine
30 Menge von toten Körpern hindurcharbeiten. Die Kroaten und anderes Gesindel wollten immer auf mich schießen, hauen und stechen, sodass unser Obrist genug zu tun hatte, uns zu schützen, [...] und so kamen wir endlich durch bis zu der hohen Schanze [...].

35 ☐ [500] Da wir jetzt weder Geld noch Geldeswert mehr hatten, auch zu befürchten stand, dass die Plackereien kein Ende nehmen möchten, so verließen wir die Stube und flüchteten [...] auf den obersten Boden in eine Kammer. Hier brachten wir eine Zeitlang in großer Sorge und Todesangst
40 zu und hörten von der Straße herauf ein grässliches Trommelwirbeln, Schreien und Pferdegetrappel.

☐ [20] Mittlerweile kamen viele Soldaten und wollten in unser Haus; unsere Wächter aber wiesen sie alle mit dem Bedeuten zurück, der Obristwachtmeister [...] habe sein Quar-
45 tier darinnen und sie dürften niemand einlassen. Einige murrten laut darüber und sagten: ob das recht wäre, Tilly hätte gesagt: drei Tage plündern, rauben, totmachen.

☐ [822] Nachdem wir ein wenig aus dem Gewirre und also aus dem Tode wieder einigermaßen ins Leben gekommen,
50 sprach der Obrist: „Frau, ich habe euch und eurem Herrn das Leben gerettet, was könnt ihr mir nun geben?" Wir antworteten, unser Gold und Silber sei von uns versteckt, hoffentlich werde man es so leicht nicht finden, er solle alles haben. Damit war er zufrieden.

55 ☐ [10] Auf dem [Weg in unser Haus] sahen wir [auf dem Breitenwege] viele Tausende von Menschen, auch lagen dort überall tote Körper umher. Unweit der Katharinenkirche hielt ein Obrister auf einem braunen Pferde. Er [...] sagte zu unserm Führer: „Kerl, Kerl, mach's so mit den Leuten, dass es
60 zu verantworten ist." Dann zu meiner Frau sich wendend, fragte er: „Ist dies euer Haus?" Er zeigte auf ein solches hin. Als sie es verneinte, sprach er: „Nun fasset an meinen Steigbügel, nehmet euern Herrn bei der Hand und führet mich in euer Haus; ihr sollt Quartier haben."

1 *unerbittlicher, rücksichtsloser Mann*
2 *Schlachtruf der kaiserlichen Truppen*

Die Zerstörung Magdeburgs 1631. Hermann Schaffstein, Cöln o.J., S. 55–66; zit. nach: Hallek, D., Isensee, W., Magdeburg im Dreißigjährigen Krieg; in: Geschichte Magdeburg. Lehren und Lernen am Beispiel der Stadt, hg. v. Otto-von-Guericke-Universität Magdeburg. Institut für Geschichte. Fachbereich Geschichtsdidaktik, Magdeburg o.J., S. 42–44.

M4

Lösung

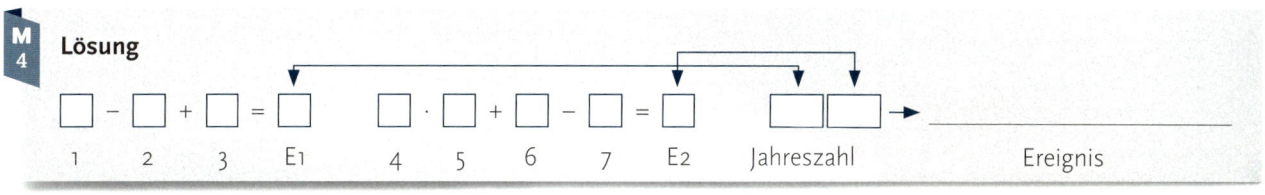

1 Lies die beiden Texte (M1). Überlege, welcher Text aus protestantischer und welcher aus katholischer Sicht verfasst wurde. Notiere dies jeweils über dem Text.
2 Vergleiche nun beide Texte in M2. Finde Unterschiede und Gemeinsamkeiten und notiere dazu Stichworte.

3 Ordne die Textabschnitte (M3), sodass sie einen sinnvollen Ablauf der Ereignisse darstellen. Setze nun die Zahl, die jeweils vor den Textabschnitten steht, in die Gleichungen M4 ein. Übertrage die Ergebnisse, zusammen ergeben sie eine Jahreszahl. Welches bedeutende Ereignis fand in diesem Jahr statt?

Die Folgen des Dreißigjährigen Krieges

Der Dreißigjährige Krieg war das bis dahin schrecklichste Ereignis der europäischen Geschichte. Das Ausmaß von Not und Zerstörung konnten sich viele Menschen nur mit dem göttlichen Willen nach Strafe erklären. Auch mit dem Frieden von Münster und Osnabrück im Jahr 1648 war das Leid der Bevölkerung noch nicht beendet. Viele mussten noch jahrzehntelang um ihre Existenz kämpfen.

• Welche Ergebnisse brachte der Krieg?
• Wie hätte der Krieg verhindert werden können?

Das Heilige Römische Reich um 1550

Das Heilige Röm. Reich nach dem Westfälischen Frieden

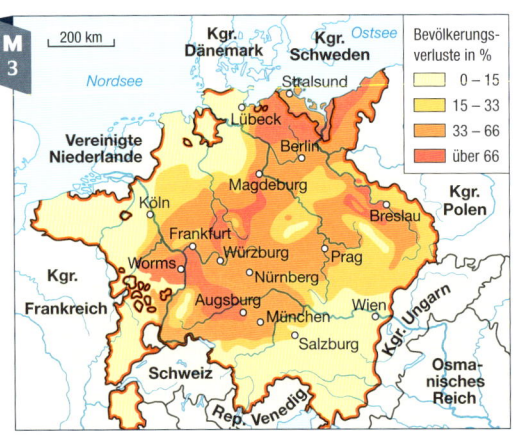

Bevölkerungsverluste im Heiligen Römischen Reich

M 4 **Folgen des Dreißigjährigen Krieges**

politisch	
territorial	
sozial	
religiös	

M 5

Der Prager Fenstersturz vom 23. Mai 1618

M 6 **Mein Ratschlag**

_____

_____

_____

_____

_____

_____

_____

_____

_____

_____

_____

1 Wähle aus:
a) Beschreibe die territorialen und politischen Folgen des Dreißigjährigen Krieges. Nutze dazu auch die Karten M1 und M2.
b) Betrachte M3 genau. Beschreibe soziale und religiöse Folgen des Dreißigjährigen Krieges für das Heilige Römische Reich Deutscher Nation.

2 Fülle die Tabelle M4 aus. Tausche dich dazu mit anderen Schülern deiner Klasse aus.

3 Stell dir vor, du könntest in die Vergangenheit zum Tag des Prager Fenstersturzes (M5) reisen. Formuliere unter Berücksichtigung deiner Kenntnisse zum Dreißigjährigen Krieg einen Ratschlag, den du den Anwesenden geben würdest, um den Ausbruch des Krieges zu verhindern.

Die Hanse

Bereits im 12. Jahrhundert schlossen sich verschiedene Städte des Heiligen Römischen Reiches zusammen, um den Handel voranzutreiben. Der berühmteste Zusammenschluss war die Hanse in Norddeutschland. Ihr Handelsnetz umspannte bald Städte in ganz Europa. So wurde die Hanse immer mächtiger, stellte sogar Schutztruppen im Falle von Bedrohungen, zum Beispiel durch die Vitalienbrüder. Nachdem sich allerdings der Handel im 16. Jahrhundert immer mehr in Richtung Atlantik und Amerika verlagerte, verlor die Hanse an Bedeutung. 1669 fand der letzte Hansetag statt. Das rege Treiben in einem Hansehafen kannst du hier genauer unter die Lupe nehmen.

M 1

Be- und Endladen von Handelsschiffen im Hafen einer Hansestadt.

M 2 Bildsequenzen

_____

_____

_____

_____

_____

_____

M3 Mein Tag im Hafen

_____
_____
_____
_____
_____
_____
_____
_____
_____
_____
_____
_____
_____
_____
_____
_____
_____
_____
_____

1 Betrachte das Bild M1 und unterteile es in einzelne Bildsequenzen.
2 Notiere die Bildsequenzen in M2 und beschreibe in Stichworten, was sie jeweils darstellen. Verweise auch darauf, wo im Bild sich die Sequenz befindet (z.B. im Vordergrund, links …).

3 Stell dir vor, du bist Teil der dargestellten Szene. Deine kleine Schwester hört wie jedes Kind gerne eine Gute-Nacht-Geschichte. Erzähle ihr von deinem Tag am Hafen und was du alles erlebt hast. Schreibe diese Geschichte in M3.

Hexen

Hexen begegnen wir in Märchen, im Film oder manchmal, so in der Walpurgisnacht, auch in Realität: auf dem Hexentanzplatz im Harz, genauer auf dem Brocken, dem Blocksberg. Allerdings war das Thema „Hexen" in der Frühen Neuzeit ein sehr trauriges. Allein auf dem Gebiet des heutigen Deutschlands wurden im 16. und 17. Jahrhundert mehr als 30000 Menschen, meist Frauen, hingerichtet. Es gab sogar ein Buch, den „Hexenhammer", das beschrieb, woran man eine Hexe erkenne.

• Aber was wurde ihnen vorgeworfen?

Teufel und Hexe in enger Umarmung, Holzschnitt (um 1490)

M1 Tatort Flensburg

In den dunklen Novembertagen des Jahres 1607 gerät eine Frau in das Visier des Rates zu Flensburg. Sie heißt Kristina Netelers und steht in der Stadt schon lange im Gerücht, eine Hexe zu sein. Deswegen sehen Stadtvogt und Kämmerer auch keine Gründe, davon abzulassen, die Festgesetzte „peinlich", will sagen gewaltsam, zu befragen. Netelers gesteht unter der Folter:
5 Fremde Kühe könne sie aus der Ferne melken, indem sie eine Axt in einen Block schlage und dann die Milch aus dem Stiel des Werkzeugs zapfe. Die Angeklagte gibt [weiterhin] zu: [...] Ihrem Mann, den sie der Untreue verdächtigt, habe sie zwei aus Roggenstroh gefertigte und mit rotem Faden umwickelte Kreuze unter das Bettkopfkissen gelegt, damit er sich wieder in Liebe ihr zuwende. [...] Von den Inquirenten gedrängt, nennt die Angeklagte auch ihre vermeintlichen
10 Lehrmeisterinnen: Es sind zwei weitere Frauen aus Flensburg. Der Ratsschreiber notiert am 4.12.1607: „Demnach ist sie durch einhellige Votis beider Bürgermeister und Ratsverwandten zum Feuer condemniert und verurteilt."

Der Hexenschuss, Holzschnitt (16. Jh.)

M2 Tatort Glückstadt

Anfang September 1642 ließ der Rat der Stadt Glückstadt eine gewisse Ilsebe Koch verhaften und beschuldigte sie der Hexerei. Sie ist eine sogenannte „Zugereiste" und gehört offensichtlich zu den zahlreichen Begleiterinnen der Söldnertruppen des Dreißigjährigen Krieges. Der Rat beschließt deswegen schnell, das Verhör „in Güte" abzubrechen und zu foltern. Wie, ist nicht
5 überliefert, wahrscheinlich jedoch, dass auf Fingern und Waden Quetschinstrumente aufgesetzt werden. Drei Mal erleidet Ilsebe Koch die Tortur und wird gezielt befragt. Schließlich gesteht sie: Einen Krüger zwischen Lübeck und Hamburg habe sie totgezaubert, nachdem er ihr die Herberge verweigert habe [...]. So fährt sie fort, ihre vermeintlichen Untaten offenzulegen, bis sich vierzehn [...] Einzelverbrechen zu einem umfassenden Hexengeständnis ergänzen. [...] Der Rat der
10 Stadt [...] beschloss, dass [sie] „in die Straff des Feuers condemnieret" werden [sollte]. *M1 + M2 zit. nach: http://www.geschichte-s-h.de/vonabisz/hexen.htm [Stand: 08.08.2014], bearbeitet*

M3 Lexikoneintrag „Hexen"

_____

_____

_____

1 Verfasse mithilfe der Quellen M1 und M2 sowie der Abbildungen einen Lexikoneintrag zum Thema „Hexen" in M3. Richte dich dabei an folgenden Fragen aus: Wie sah eine Hexe aus? Was ist eine Hexe? Warum wurde sie verfolgt? Was geschah mit den Hexen? Recherchiere eventuell weitere Informationen zum Thema.

Die Pest

Die Pest gehörte zu den grausamsten Erkrankungen im späten Mittelalter und in der Frühen Neuzeit. In mehreren Wellen breitete sie sich als Pandemie aus. Oft wird die Pest als globalisierte Erfahrung von Leid und Tod bezeich- *net. Sie kam über die Handelswege aus dem asiatischen Raum nach Europa und richtete großes Unheil an.*
- *Wie erklärten sich Zeitgenossen diese Krankheit?*
- *Wer wurde dafür verantwortlich gemacht?*

Der Chronist Matthias von Neuenburg, 1348

Die Pest zog über die Länder hinweg; und obwohl die Gelehrten allerlei redeten, hatten sie keine vernünftige Erklärung für die Heimsuchung, außer dass es Gottes Wille sei.

Matthias von Neuenburg, Chronik; in: Fontes Rerum Germanicarum IV, hg. v. Johannes Friedrich Boehmer, Stuttgart 1868, S. 261; zit. nach: Michael Brabänder: Das große Sterben; in: Praxis Geschichte 2 (2007), S. 29.

Die Annalen des Klosters Mattsee behaupten in ihrem Eintrag für das Jahr 1349, dass die Juden für die Pest verantwortlich seien

Es gab zu jener Zeit ein weit verbreitetes Gerücht, das keineswegs aus der Luft gegriffen sein kann, da ja laut Aristoteles' „Ethik" gilt: „Eine Sache, von der alle berichten, ist nicht völlig frei erfunden." Dieses Gerücht also besagt, dass das allgemeine Sterben seinen
5 Ursprung in der Giftmischerei der Juden hat. [...] Wie man hört, haben die Juden das Gift widerlicher Tiere zu Pulver zermahlen und damit kleine Säcke gefüllt, die sie dann in Brunnen und Quellen versenkten. Tatsächlich wird berichtet, dass Christen solche Säckchen bei Brunnenreinigungen gefunden haben. Die Juden wurden
10 daher verbrannt, getötet, zerstückelt und auf jede nur denkbare Weise umgebracht.

Annales Mattseenses, in: MGH SS IX, hg. v. Georg Heinrich Pertz, Hannover 1851, S. 829 f.; zit. nach: Michael Brabänder: Das große Sterben; in: Praxis Geschichte 2 (2007), S. 29.

Im Jahrbuch des Klosters Neuberg an der Mürz lässt sich folgender Eintrag aus dem Jahr 1348 finden

Durch zuverlässige Berichte haben wir erfahren, dass im fernen Osten eine starke Verseuchung der Luft die Menschen und Tiere – gleichgültig, wo sie sich gerade aufhielten und
5 was sie gerade taten – versteinern ließ. Außerdem ging in den Gegenden, in denen der Zimt wächst, ein tödlicher Regen nieder, vermischt mit giftigen Schlangen und allerlei Gewürm. Dieser Regen vernichtete sämtliche Lebewe-
10 sen, die ihm ausgesetzt waren. Wenig später fiel ein furchtbares, alles verzehrendes Feuer vom Himmel herab. Selbst Steine verbrannten darin wie trockenes Holz, und es entwickelte sich ein äußerst verderblicher und ansteckender Qualm. Kaufleute, die diesem ausgesetzt
15 waren, vergifteten sich, und nicht wenige von ihnen starben noch auf der Stelle. Diejenigen aber, die entkommen konnten, führten die Krankheit mit sich fort und brachten sie in alle
20 Häfen Europas, in denen sie anlandeten.

Continatuatio Novimontensie, in: MGH SS IX, hg. v. Georg Heinrich Pertz. Hannover 1851, S. 674 f.; zit. nach: Michael Brabänder: Das große Sterben; in: Praxis Geschichte 2 (2007), S. 29.

In den Quellen genannte Ursachen	Wirkliche Ursachen

1 Arbeite aus den Materialien M1 bis M3 die genannten Ursachen für die Pest heraus. Trage sie in M4 ein.
2 Recherchiere im Internet die heute bekannten wirklichen Ursachen der Pest und ergänze sie in M4.

3 Überlege, wieso die Menschen früher an solche Erklärungen glaubten.

Die Auswirkungen des Reformationszeitalters können wir noch in der Gegenwart spüren. Neben der katholischen Kirche ist die evangelische heute vollständig anerkannt. Im 16. und 17. Jahrhundert war der christliche Glaube für die Menschen trotz der Einflüsse von Renaissance und Humanismus von großer Bedeutung. Immer noch gab es Ereignisse, die nicht wissenschaftlich erklärt werden konnten und somit Gott zugeschrieben wurden. Auseinandersetzungen um den Glaubens waren auch mit Ursache eines der schrecklichsten Kriege.

• Was weißt du noch über diese Zeit?

M 1 Wer wird Millionär?

200 €
Die Spaltung der Kirche, die durch Luther entstand, wird als ... bezeichnet.

| A Reformorientierung | B Reformprozess |
| C Glasnost | D Reformation |

500 €
An diesem Tag fand die sogenannte „Magdeburger Hochzeit" statt:

| A 10. Mai 1631 | B 10. März 1631 |
| C 10. Mai 1632 | D 1. April 1634 |

1 000 €
Er gilt als der „Erfinder" des Ablasshandels:

| A Wetzel | B Retzel |
| C Tetzel | D Metzel |

2 000 €
Dieser Staat war nicht am Dreißigjährigen Krieg beteiligt:

| A Schweden | B Frankreich |
| C Russland | D Dänemark |

4 000 €
In diesen beiden Städten wurde der „Westfälische Frieden" geschlossen:

| A Dortmund und Gelsenkirchen | B Münster und Osnabrück |
| C Münster und Oldenburg | D Osnabrück und Magdeburg |

8 000 €
Der Thesenanschlag Luthers soll an diesem Tag stattgefunden haben:

| A 31. Oktober 1515 | B 31. Oktober 1516 |
| C 31. Oktober 1517 | D 31. Oktober 1518 |

16 000 €
Die Frau Martin Luthers hieß:

| A Katharina die Große | B Katharina II. |
| C Katharina Witt | D Katharina von Bora |

32 000 €
Die aufständischen Bauern waren eingeteilt in ...

| A Haufen | B Hufe |
| C Humpen | D Klumpen |

64 000 €
Welche protestantische Konfession existiert nicht?

| A Puritaner | B Calvinisten |
| C Chauvinisten | D Hussiten |

125 000 €
Welcher Pirat bereitete der Hanse große Probleme?

| A Hans Störtebecker | B Klaus Störtebecker |
| C Michael Störtebecker | D Peter Störtebecker |

500 000 €
In diesem Schriftstück wird beschrieben, wie eine Hexe aussieht und wie man mit ihr zu verfahren hat:

| A Hexenbibel | B Hexenspiegel |
| C Hexenhammer | D Hexenlexikon |

1 000 000 €
Dieser Magdeburger war bei den Verhandlungen um den Westfälischen Frieden anwesend:

| A Otto von Guericke | B Otto der Große |
| C Otto von Magdeburg | D Otto von Bismarck |

Themen-ABC

A	Ablasshandel
B	
C	
D	
E	
F	
G	
H	
I	
J	
K	
L	
M	
N	
O	
P	
Q	
R	
S	
T	
U	
V	
W	
X	
Y	
Z	

SMS

„Das hat mich besonders interessiert"

1 Löse das „Wer wird Millionär?"-Rätsel (M1). Kreuze jeweils die richtige Antwort an.

2 Themen-ABC: Finde zu jedem Buchstaben zum Thema „Reformationszeitalter" Begriffe oder auch Namen.

3 „Na, was habt ihr heute in der Schule gelernt?" Diese Frage hört man sehr oft. Antworte darauf in Bezug auf das Thema „Reformationszeitalter", und zwar in Form einer SMS in M3.

4 Trage in den Kasten „Das hat mich besonders interessiert" ein, was dich am Thema „Reformationszeit" interessiert hat, und erläutere warum.

Arbeitsheft Geschichte

Band 2: Vom Mittelalter bis zum Dreißigjährigen Krieg

Erarbeitet von: Andreas Angerstein und Marko Schulz, Magdeburg

Redaktion: Angela Lucke

Bildassistenz: Christina Sandig

Umschlaggestaltung
und Layoutkonzept: Ungermeyer, grafische Angelegenheiten,
                       Silke Rosemeyer (unter Verwendung von „Söldner plündern
                       im Dreißigjährigen Krieg einen Bauernhof", Gemälde von
                       Sebastian Vrancx (1573–1620), um 1620; akg-images)

Layout und
technische Umsetzung: Jutta Stindtmann, Berlin

www.cornelsen.de

Die Webseiten Dritter, deren Internetadressen in diesem Lehrwerk angegeben sind,
wurden vor Drucklegung sorgfältig geprüft. Der Verlag übernimmt keine Gewähr für
die Aktualität und den Inhalt dieser Seiten oder solcher, die mit ihnen verlinkt sind.

1. Auflage, 6. Druck 2024

Alle Drucke dieser Auflage sind inhaltlich unverändert
und können im Unterricht nebeneinander verwendet werden.

© 2014 Cornelsen Schulverlage GmbH, Berlin
© 2016 Cornelsen Verlag GmbH, Berlin

Druck: Athesiadruck GmbH

ISBN 978-3-06-064633-3

PEFC-zertifiziert
Dieses Produkt
stammt aus
nachhaltig
bewirtschafteten
Wäldern und
kontrollierten Quellen
PEFC/18-31-166   www.pefc.de